調べてみよう

都道府県の特産品

お菓子 編

この本では47都道府県を代表するお菓子《かし》を紹介《しょうかい》しています。郷《きょう》土《ど》菓子やロングセラーの銘菓《めいか》など、長く愛され続けるお菓子の多くは地域《ちいき》との深いかかわりを持っています。そこでとれる穀物《こくもつ》や果物を使ったもの、風土や歴史にちなんだもの、土地の風物をかたどったものなどがあり、お菓子を深く知ることが地域の魅力《みりょく》を知ることにつながっています。わたしたちにとって身近な存在《そんざい》であるお菓子が、都道府県について学ぶきっかけとなれば幸いです。

※なお、生産量など本文中に登場するデータは2017年1月調べ情報《じょうほう》です。

理論社

もくじ

本に出てくる
難《むずか》しい言葉は
このページを
見てね！

ふるさと銘菓《めいか》を訪《たず》ねる

訪《たず》ねた店

神奈川県鎌倉《かまくら》市　豊島屋《としまや》さん

明治27年創業《そうぎょう》の鎌倉の老舗菓子《しにせかし》店。鎌倉みやげの代表「鳩《はと》サブレー」のほか、四季折々の風景をかたどったものやお寺・神社にまつわるものなど、鎌倉の風物をあらわしたさまざまな和菓子《わがし》をつくっています。

銘菓《めいか》には長い歴史がつまっています

銘菓といわれるお菓子《かし》は何十年、何百年と、土地に根付いた歴史あるものがほとんどです。明治時代に生まれた「鳩サブレー」も約120年にわたって地元で愛され続けています。

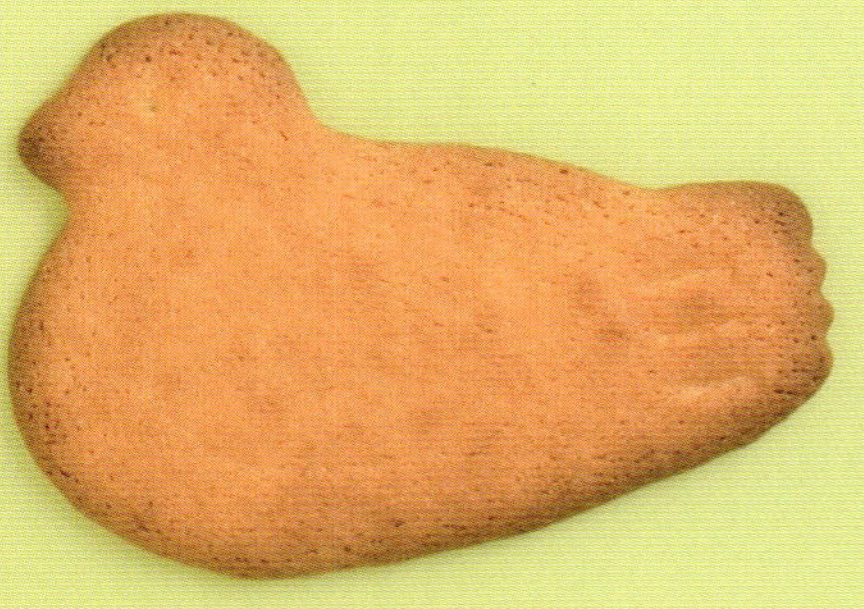

鎌倉《かまくら》の味「鳩《はと》サブレー」

全国各地に「銘菓《めいか》」と呼《よ》ばれる、その土地を代表するお菓子《かし》があります。地域《ちいき》の歴史に由来するものや、地元でとれる穀物《こくもつ》や果物が使われたものなど、銘菓はそれぞれの土地の風土や文化と深いかかわりを持ちながら現代《げんだい》まで守りつがれてきました。銘菓はどのように生まれ、愛されてきたのでしょうか。鎌倉で百年以上も「鳩サブレー」をつくり続ける「豊島屋《としまや》」さんを訪《たず》ねました。

神奈川県鎌倉《かまくら》市へ！

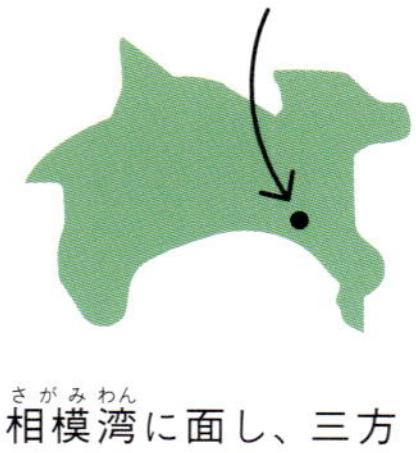

相模湾《さがみわん》に面し、三方を山に囲まれた土地。日本初となる武家政《ぶけせい》権《けん》「鎌倉幕府《かまくらばくふ》」が生まれた、歴史ある古都

「鳩《はと》サブレー」は こうして 生まれた

鶴岡八幡宮《つるがおかはちまんぐう》の ハトをヒントに

「鳩《はと》サブレー」のハトの形は、なんと鶴岡八《つるがおかはち》幡宮《まんぐう》の本宮にある門にかかげられた額《がく》の字からとられています。「八」の字が2羽のハトで表現《ひょうげん》されているのは、ハトが神聖《しんせい》な〝神のつかい〟とされているから。参道に店をかまえる「豊島屋《としまや》」創業者《そうぎょうしゃ》の、八幡様への深い信《しん》仰心《こうしん》から生まれたお菓子《かし》といわれています。

発売した当初は、手づくりのハトのぬき型を使っていた

質《しつ》のいいバターをたっぷりと使っていることから、缶《かん》の色はバターをイメージした黄色に！

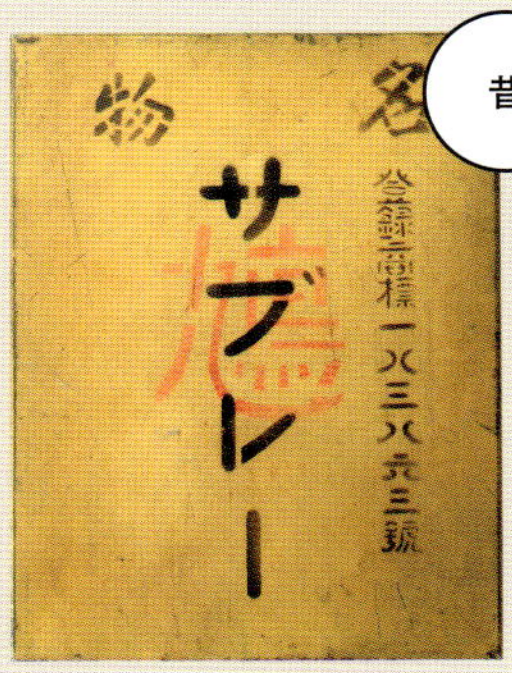

昭和16年まで使っていた缶《かん》。「名物」と記され、すでに鎌倉《かまくら》を代表するお菓子《かし》だったことがわかる

おいしさを守る缶《かん》

口の中でほろりとくずれる、こわれやすいぐらいのかたさがおいしい「鳩《はと》サブレー」。持ち運ぶときに割《わ》れないよう、昔から缶に入れて販売しています。缶には湿気《しっけ》からお菓子《かし》を守る役目も。この缶自体も鎌倉《かまくら》の顔といっていいほど愛されています。

町の気風に合うハイカラな味

「鳩《はと》サブレー」は湘南《しょうなん》に海水浴場や別荘《べっそう》がつくられた明治三十年ごろ生まれました。ある日、海水浴に来た外国人客が「豊《と》島屋《しまや》」を訪《おとず》れ、ビスケットをプレゼントします。それを食べた創業者《そうぎょうしゃ》が「子どもたちに食べさせたい」と試作を重ねます。「八幡様《はちまんさま》ゆかりのお菓子《かし》をつくりたい」との思いもあり、八幡様の使いであるハトの形に。フランスの焼菓子《やきがし》「サブレー」に味が似《に》ているため「鳩サブレー」と名付けました。西洋風の味が受け入れられるまで時間がかかりましたが、ハイカラを好む町の気風から愛されるようになり、鎌倉を代表する銘菓《めいか》となりました。

※洋風でしゃれていることをハイカラといいます

創業時《そうぎょうじ》から店は鶴岡八幡宮《つるがおかはちまんぐう》の参道にあり、参拝客《さんぱいきゃく》などに「瓦《かわら》せんべい」を名物として販売《はんばい》していた。その後まもなく「鳩《はと》サブレー」が誕生《たんじょう》。発売当初は「バタくさい」と、なかなか受け入れてもらえなかった

開店してまもなく
「鳩《はと》サブレー」誕生《たんじょう》

今も変わらず
味を守っています

モダンなお屋敷《やしき》が並《なら》ぶ鎌倉《かまくら》は、昔からハイカラなものを好む土地柄《とちがら》。そのため「鳩《はと》サブレー」は次第に地元に根付き、ファンを増《ふ》やしてきた。変わらない味を守り、「鎌倉といったら鳩サブレー」と広く愛されている

お店で出会えるいろいろなハト

入口でむかえてくれる二羽のハト。店内にハトのモチーフがたくさんあるので探《さが》してみて

店の正面にも大きなハトの窓《まど》が。実はこれ、消防隊《しょうぼうたい》が入るために設《もう》けた開口部だそう

今も木型を使って手づくりする豆粉と和三盆糖《わさんぼんとう》のらくがん「小鳩豆楽《こばとまめらく》」もハトの形のお菓子《かし》

鎌倉《かまくら》をかたどったお菓子《かし》たち

段葛《だんかずら》／車道より高い位置にある鶴岡八幡宮《つるがおかはちまんぐう》の参道「段葛」をかたどったもの。秋はいちょう、春は桜《さくら》の砂糖菓子《さとうがし》がのる

もののふ／鎌倉《かまくら》で権力《けんりょく》をほこった北条《ほうじょう》氏の家紋《かもん》「三つうろこ」など、鎌倉で出土《しゅつど》したかわらのもようを入れたせんべい

銭洗《ぜにあら》いの泉《いずみ》／「お金を洗うと何倍にも増《ふ》えてもどる」といわれる、霊泉《れいせん》のわく神社をイメージ。古銭《こせん》の形のごまボーロ

由比《ゆい》の濱《はま》／すりごまを加えた白蒸《む》しようかんを砂浜《すなはま》に見立て、由比ガ浜《はま》からながめた美しい月夜をあらわしたお菓子《かし》

お菓子《かし》が伝える地域《ちいき》の魅力《みりょく》

名所や歴史をお菓子《かし》から知る

長年、鎌倉《かまくら》で愛される「豊島屋《としまや》」には地名や名所、神社や歴史的なできごとなど、鎌倉にちなんだお菓子がたくさんあります。それは「地元の名物としてほこれるものをつくりたい。地方の人にも鎌倉の魅力《みりょく》をお菓子で知ってほしい」という思いがあるから。ロングセラーの銘菓《めいか》や郷土《きょうど》菓子など長く愛されてきたお菓子を知ることは、その土地の魅力を知ることにつながっています。

北海道《ほっかいどう》

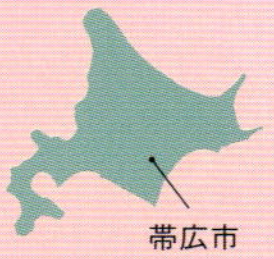

マルセイバターサンド

（六花亭《ろっかてい》／帯広市《おびひろし》）

北海道産のバターに、「六花亭」を代表するホワイトチョコレートとレーズンを加えたクリームを、味わい深いビスケットでサンド。北海道みやげとして全国的に有名なお菓子《かし》

砂糖《さとう》などお菓子《かし》の原料が豊富《ほうふ》な北海道。十勝《とかち》地方の帯広《おびひろ》市にある「六花亭《ろっかてい》」は道内で広く愛されている菓子店です。北海道銘菓《めいか》「マルセイバターサンド」は、明治時代に十勝を開墾《かいこん》した「晩《ばん》成社《せいしゃ》」のバター「マルセイバタ」にちなんだお菓子で、包み紙もそのラベルを模《も》したデザイン。地元への感謝《かんしゃ》を込《こ》めて、その名が付けられました。北海道産のバターと、六花亭が日本で最初に発売したホワイトチョコレートを使っています。

※開墾とは、山野を切り開いて新しい田畑をつくることです

青森県《あおもりけん》

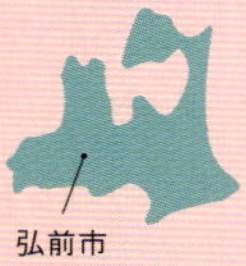

気になるリンゴ

（ラグノオささき／弘前市《ひろさき》）

りんごが1個丸ごと入った、ぜいたくなアップルパイ。青森県産のりんごを特製《とくせい》シロップに1か月以上つけ込《こ》み、生に近いシャキシャキした食感とみずみずしい甘《あま》さに仕上げた

青森県のりんご生産量は日本一、品質《ひんしつ》は世界一ともいわれています。昔は海外の品種を育てていましたが、今は青森県で生まれた「ふじ」を中心に、甘味《あまみ》やかおりなどより品質《ひんしつ》の高い約五十種のりんごを県内で栽《さい》培《ばい》しています。この青森県産のりんごのおいしさをパイに閉《と》じ込《こ》めたのが「気になるリンゴ」です。一般的《いっぱんてき》なパイはとろとろに煮《に》たりんごを使いますが、シロップづけにして生のりんごの食感を生かしました。

岩手県《いわてけん》

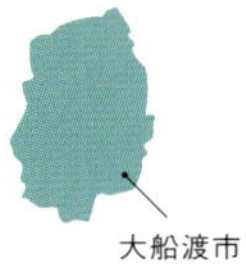

三陸海岸《さんりくかいがん》の南に位置する大船渡市《おおふなと》は、リアス式海岸と呼《よ》ばれる切り立った岸《がん》ぺきとコバルトブルーの海に囲まれた港町です。「かもめの玉子」は三陸の風物をお菓子《かし》にしたいと、美しい海をさっそうと飛ぶかもめをイメージして生まれました。

かもめの玉子

（さいとう製菓《せいか》／大船渡市《おおふなと》）

卵《たまご》そっくりのカステラまんじゅう。東北産「キタカミコムギ」の小麦粉を使ったマーガリン入りのカステラで黄身あんを包み、からに見立てたホワイトチョコレートでコーティング

秋田県《あきたけん》

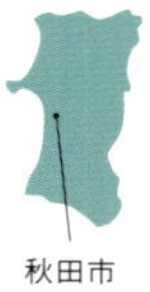

「もろこし」はらくがんの一種です。一般的《いっぱんてき》ならくがんの原料はもち米ですが、もろこしはかつて秋田地方の特産だった小豆の粉でつくります。江戸《えど》中期、藩《はん》のお殿様《とのさま》に献上《けんじょう》し「もろもろのお菓子《かし》を越《こ》えて美味」とほめられたのが名の由来です。

元祖《がんそ》 秋田諸越《あきたもろこし》

（杉山壽山堂《すぎやまじゅさんどう》／秋田《あきた》市）

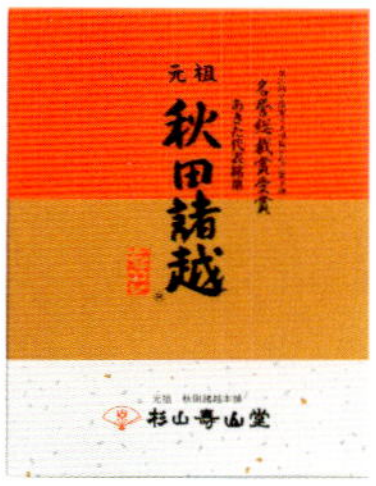

原料は小豆粉と砂糖《さとう》、和三盆糖《わさんぼんとう》のみ。型に入れてかため、乾燥《かんそう》させた後に下焼きしているため、こうばしく上品な甘《あま》さがある。口の中でほろりとくずれる口どけのよさも魅力《みりょく》

※江戸時代、大名の領地《りょうち》を藩と呼《よ》びました。
お殿様などにものを差し上げることを献上といいます

宮城県《みやぎけん》

江戸《えど》時代の武将《ぶしょう》・伊達政《だてまさ》宗《むね》は無類のもち好きとして知られ、今でも宮城県では祝い事などにさまざまなもち料理がふるまわれます。「ずんだ」は枝豆《えだまめ》をすりつぶして砂糖《さとう》や塩を加えたもの。枝豆《えだまめ》が旬《しゅん》の夏に食べる、東北地方の郷土《きょうど》料理です。

づんだ餅《もち》

（エンドー餅店《もちてん》／仙台市《せんだいし》）

宮城県産「秘伝豆《ひでんまめ》」や「青大豆」などの枝豆《えだまめ》をすりつぶした「ずんだ」を、宮城県産の最高級もち米「みやこがね」をついたもちにからめた。つきたての弾力《だんりょく》ある食感が楽しめる

※「ずんだ」は「づんだ」とも書きます

山形県《やまがたけん》

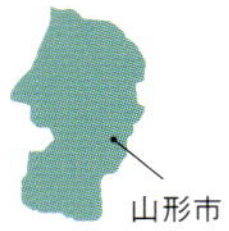

山形県の内陸で愛される「富貴豆《ふうきまめ》」は、青えんどう豆を粉がふくまで煮《に》た「粉《こ》ふき豆」で、縁起《えんぎ》のよい富貴という字が当てられています。もとは床屋《とこや》さんだった「まめや」の初代がお茶受けに出した味が評判《ひょうばん》となり、地元名物として定着しました。

元祖《がんそ》冨貴《ふき》豆《まめ》

（まめや／山形市《やまがた》）

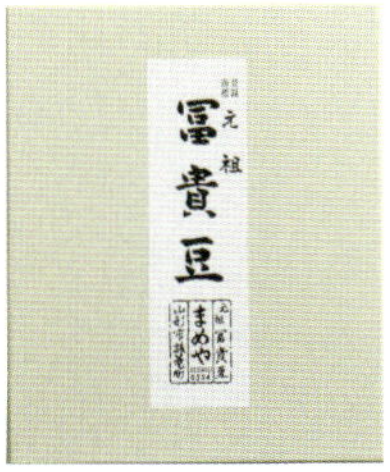

青えんどう豆（グリンピースの一種）の薄皮《うすかわ》をむき、砂糖《さとう》と水で煮《に》ふくめ、少しの塩を加えた煮豆。豆のほくほくとした甘《あま》さ、しっとりと煮くずれた豆のうま味など、そぼくな味わい

福島県《ふくしまけん》

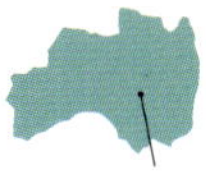

かつてまんじゅうは、ふわふわの厚《あつ》みのある皮が主流でした。江戸《えど》後期、人の行き交う街道筋《かいどうすじ》の茶屋の主人が「旅人の心をいやしたい」と、皮は薄《うす》く、そのぶん甘《あま》いあんをたっぷりつめた「薄皮まんじゅう」を考案。奥州《おうしゅう》街道の名物になりました。

柏屋薄皮饅頭《かしわやうすかわまんじゅう》

（柏屋／郡山市《こおりやま》）

「柏屋」の初代が「薄皮饅頭」をつくったのは1852年。旅人が遠回りしてでも食べたいと評判《ひょうばん》を呼《よ》び、全国に広まった。黒糖《こくとう》入りの薄皮で口どけのよい上品なこしあんを包んだ

※奥州街道は江戸から東北への道路。茶屋は休憩所《きゅうけいじょ》の一種

栃木県《とちぎけん》

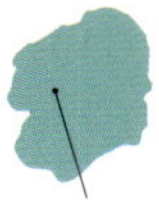

明治中ごろから中禅寺湖《ちゅうぜんじこ》畔《はん》に大使館などの別荘《べっそう》が建てられ、日光は古くから国《こく》際的《さいてき》な避暑地《ひしょち》でした。日光《にっこう》東照宮《とうしょうぐう》の門前で生まれた「日光甚五郎煎餅《じんごろうせんべい》」は、外国人観光客でも食べやすいようにとバター風味にした塩味の欧風《おうふう》せんべいです。

日光甚五郎煎餅《にっこうじんごろうせんべい》

（石田屋《いしだや》／日光市《にっこう》）

日光東照宮《とうしょうぐう》の「眠《ねむ》り猫《ねこ》」をほった職人《しょくにん》・左甚五郎《ひだりじんごろう》にちなみ名付けた。昭和36年の発売当時、バターのかおりと四角い形が画期的だった。袋《ふくろ》には眠り猫がモチーフの猫が描かれる

茨城《いばら》県《きけん》

水戸《みと》の梅《うめ》

（亀印製菓《かめじるしせいか》／水戸《みと》市）

江戸《えど》時代創業《そうぎょう》のつけ物商が、郷土色《きょうどしょく》を生かしたお菓子《かし》をつくりたいと明治41年に考案。やわらかなぎゅうひで自家製《じかせい》白あんを包み、さらに梅《うめ》酢《ず》につけた赤じその葉でくるんだ

約三千本の梅の木が植えられた「偕楽園《かいらくえん》」は水戸藩主《みとはんしゅ》の徳川斉昭《とくがわなりあき》がつくった全国的に有名な梅の名所です。

「斉昭公の命により、しそ巻梅干《まきうめぼし》を参考としたお菓子《かし》がつくられた」という記録が残るなど、江戸《えど》時代から梅を使った名産品がつくられてきました。この文献《ぶんけん》をもとに、梅干《うめぼ》しをあつかうつけ物商が「水戸の梅」を生み出します。甘《あま》ずっぱい梅のかおりが楽しめるお菓子で、水戸を代表する銘菓《めいか》として親しまれています。

群馬県《ぐんまけん》

千年以上前に開湯したという伊香保温泉《いかほおんせん》。鉄分の多い「黄金《こがね》の湯」は手ぬぐいが茶色に染《そ》まるほど色の濃《こ》い温泉です。「名物となるみやげがほしい」とたのまれた菓《か》子《し》店の主人が、湯の色をイメージし、黒糖《こくとう》入りの茶まんじゅうをつくりました。

湯乃花《ゆのはな》まんじゅう

(勝月堂《しょうげつどう》／渋川《しぶかわ》市)

東京の「凮月堂《ふうげつどう》」で修業《しゅぎょう》した店主が明治43年に考案。昭和天皇《てんのう》がお求めになって有名になり、その後、全国の温泉地《おんせんち》でつくられるように。「温泉まんじゅう」の元祖《がんそ》といわれている

埼玉県《さいたまけん》

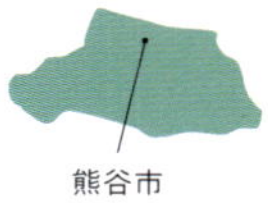

米ときなこでつくる熊谷《くまがや》銘菓《めいか》「五家宝《ごかぼう》」の歴史は古く、江戸《えど》後期に「五嘉棒《ごかぼう》」の名で売り出されたのが始まりです。熊谷は良質《りょうしつ》な米や大豆、麦がとれる豊《ゆた》かな土地。「五穀《ごこく》は家の宝《たから》である」というのりを込《こ》めて「五家宝」と名を変えました。

五家宝《ごかぼう》

(堀内製菓《ほりうちせいか》／熊谷《くまがや》市)

江戸《えど》時代は米、麦、あわ、豆、きびの「五穀《ごこく》」のいずれかを材料に使った。現在《げんざい》はついたもちを乾燥《かんそう》させ、水あめでかためた棒状《ぼうじょう》のおこしに、きなこと水あめの生地を巻《ま》いてつくる

東京都《とうきょうと》

くず餅《もち》

（船橋屋《ふなばしや》／江東区《こうとうく》）

東京の「くずもち」の元祖《がんそ》とされる1805年創業《そうぎょう》の「船橋屋《ふなばしや》」。450日もかけて発酵《はっこう》させた小麦でんぷんにお湯を加えて生地をつくり、蒸《む》し上げる。きなこと黒みつで食べる

「くずもち」というと、植物の葛《くず》の根の粉を使った透明《とうめい》な「葛もち」が一般的《いっぱんてき》ですが、東京を中心とした関東地方では、小麦粉でつくった乳白色《にゅうはくしょく》の「くずもち」が定番です。江戸《えど》時代、関東平野は良質《りょうしつ》な小麦の産地で、原料が豊富《ほうふ》に手に入りました。小麦粉のでんぷん質に地下水を加え、杉《すぎ》だるで何か月もかけて乳酸発酵《にゅうさんはっこう》させると、くずもちが完成。よく熟成《じゅくせい》したくずもちは、弾《だん》力《りょく》のある歯ざわりで、独特の風味が味わえます。

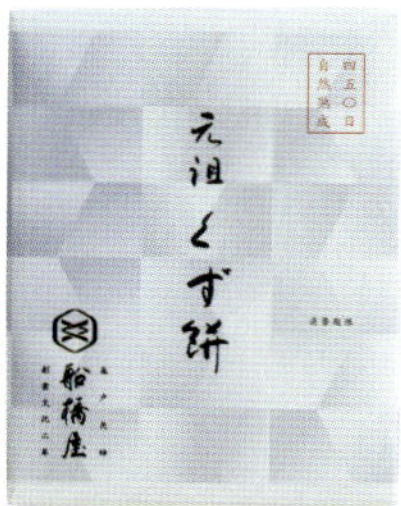

※乳酸発酵とは乳酸菌《にゅうさんきん》という微生物《びせいぶつ》のはたらきで、おいしい成分を生み出すことです

千葉県《ちばけん》

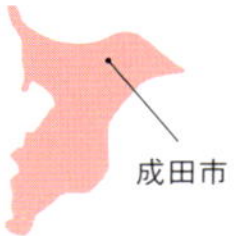

千葉県で落花生《らっかせい》の栽培《さいばい》が始まったのは明治初期。やせた土地でも育ち、栄養があることから広まりました。戦後、落花生の栽培面積は減少しますが、今も国産の約八割《わり》は千葉県産。地元では落花生を使ったお菓子《かし》をたくさんつくっています。

ぴーなっつ最中《もなか》

（なごみの米屋《よねや》／成田《なりた》市）

落花生《らっかせい》の甘煮《あまに》とピーナッツペースト入りの白あんを、落花生の形をした皮で包んだもなか。あんの風味とこうばしい皮の相性《あいしょう》がとてもよく、千葉県らしいおみやげとして人気

※落花生はピーナッツのこと。この商品は千葉県産以外も使っています

神奈川県《かながわけん》

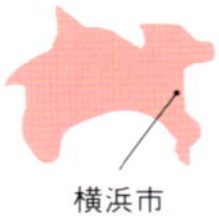

江戸《えど》末期に開港した横浜《よこはま》は、当時、西洋の文化や物がどこよりも早く入る「ハイカラ」な町でした。戦後の昭和二十九年に誕生《たんじょう》した「横濱《よこはま》ハーバー」は、ハイカラな気風を好む横浜っ子に大好評《だいこうひょう》。港町らしく船の形をしたお菓子《かし》です。

横濱《よこはま》ハーバー ダブルマロン

（ありあけ／横浜《よこはま》市）

きざんだ栗《くり》と栗あんを、薄《うす》くソフトなカステラ生地で包んだ、しっとりとしたマロンケーキ。袋《ふくろ》のイラストは2009年に横浜に初めて入港した世界最大の客船「クイーンメリー２」

山梨県《やまなしけん》

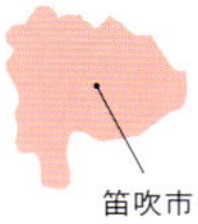

山梨県ではお盆《ぼん》に「あべ川もち」を供《そな》える習慣《しゅうかん》があります。静岡では白砂糖《しろざとう》をかけますが、山梨では手に入りやすい黒みつが定着したそう。これをいつでも食べられるようにしたのが「桔梗《ききょう》信玄餅《しんげんもち》」。山梨の武将《ぶしょう》・武田《たけだ》信玄《しんげん》の名が付いています。

静岡県《しずおかけん》

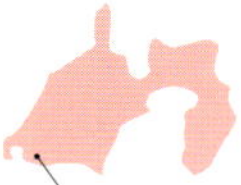

海水と淡水《たんすい》が混《ま》ざる「汽《き》水湖《すいこ》」の浜名湖《はまなこ》は、百年以上もの歴史を持つうなぎ養殖《ようしょく》発祥《はっしょう》の地です。名産のうなぎをお菓子《かし》にしたのが「うなぎパイ」。うなぎのように長い形、うなぎエキス入りの生地など強い個性《こせい》が受け、人気もうなぎのぼりに。

うなぎパイ

（春華堂《しゅんかどう》／浜松《はままつ》市）

昭和36年に誕生《たんじょう》したお菓子《かし》。フランスのパイの一種「パルミエ」をもとにしている。うなぎエキスを混《ま》ぜた生地に、にんにく入りのタレをかば焼きのようにぬって仕上げた

※パルミエは、やしの葉の形をしたフランスのパイ菓子

桔梗信玄餅《ききょうしんげんもち》

（桔梗屋《ききょうや》／笛吹《ふえふき》市）

小さな容器《ようき》に入っているのは、きなこをまぶした弾力《だんりょく》のあるもちが3つ。食べる時に、別にそえられた濃厚《のうこう》な黒みつをかける。容器のふろしき包みは、今も人の手で結ばれている

長《なが》野《の》県《けん》

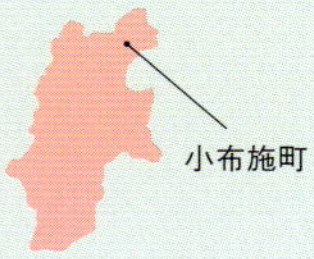

純栗《じゅんくり》ようかん、純栗《じゅんくり》かの子《こ》

（桜井甘精堂《さくらいかんせいどう》／小布施《おぶせ》町）

江戸《えど》後期に小布施で初の栗菓子《くりがし》をつくった老舗《しにせ》。1819年には小豆を使わずに栗と寒天と砂糖《さとう》だけでつくる「純栗ようかん」を開発。栗を丸ごと使った「純栗かの子」も地元名物

小布施町《おぶせ》では古くから栗《くり》が栽培《さいばい》されていました。諸《しょ》説《せつ》ありますが、室町時代に領主《りょうしゅ》がふるさとの丹波《たんば》（現京都府）から栗の木を取り寄《よ》せて植えたのが始まりといわれています。水はけのよい酸性《さんせい》の土と北信濃《きたしなの》地方の気候がおいしい栗を育み、松代藩《まつしろはん》が将軍家《しょうぐんけ》に献上《けんじょう》するなど江戸《えど》時代から質《しつ》の高さで知られていました。この栗を初めてお菓子《かし》にしたのが「桜井甘精堂《さくらいかんせいどう》」の創業《そうぎょう》者《しゃ》。地元では今もさかんに栗菓子がつくられています。

※領主とは土地を所有し、おさめていた人のことです

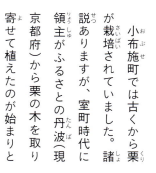

新潟県《にいがたけん》

元祖柿《がんそかき》の種《たね》

（浪花屋製菓《なにわやせいか》／長岡市《ながおかし》）

「柿の種」を初めてつくった元祖《がんそ》。当時高価《こうか》だったもち米が原料で、おくりものとして広まった。おいしさを保《たも》つ缶《かん》には新潟県の農村が描かれていて、柄《がら》は50年以上ほぼ変わらない

米を使ったお菓子《かし》を「米《べい》菓《か》」といい、新潟県は全国生産量の半分以上をしめています。風土に恵《めぐ》まれた米どころで、原料が豊富《ほうふ》だったことに加え、戦後、官民一体となり技術《ぎじゅつ》を開発したため、発展《はってん》したといわれています。ユニークな形のあられ「柿《かき》の種《たね》」は、大正時代にぐうぜん誕生《たんじょう》します。せんべいの金型をふみつぶしてしまい、ゆがんだまま使ったところ、できたあられが柿の種に似《に》ていたことから、その名が付きました。

富山県《とやまけん》

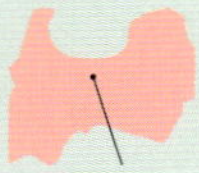

月世界《つきせかい》

（月世界本舗《つきせかいほんぽ》／富山《とやま》市）

和三盆糖《わさんぼんとう》と白ざら糖を煮《に》つめた「糖みつ」に、ふわふわにあわ立てた新《しん》鮮《せん》な卵白《らんぱく》と卵黄《らんおう》を加え乾燥《かんそう》させた干《ひ》菓子《がし》。さくっとした歯ごたえなのに、舌《した》の上でそっととける不思議な食感

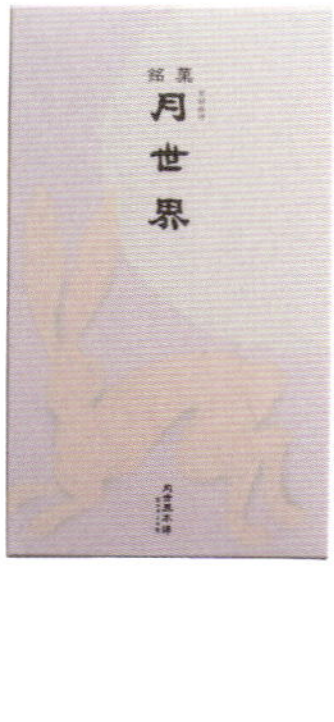

明治三十三年に生まれた富山県の銘菓《めいか》「月世界《つきせかい》」は、卵《たまご》を使った上品な甘《あま》さの干《ひ》菓子《がし》（水分の少ない菓子《かし》）です。明け方の空にうかぶ月の美しさに感動した職人《しょくにん》が、それをお菓子にしたと伝わっています。表面には月面を思わせる気泡《きほう》があり、箱には月うさぎがデザインされています。軽くて日持ちするので手みやげとしても人気です。緑茶のほかにコーヒーに合わせて楽しむ人も多く、世代を超《こ》えて長く愛されています。

石川県《いしかわけん》

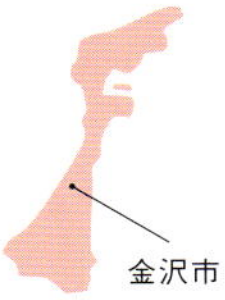

古くから茶の湯文化が栄えた金沢《かなざわ》では、伝統《でんとう》の職人《しょくにん》技《わざ》と美意識《びいしき》が和菓子《わがし》に息づいています。昔は各地方で見られたお菓子《かし》「わり氷」ですが、手間ひまがかかるためつくり手が減少《げんしょう》。今でもつくり続けている、古都・金沢らしいお菓子です。

わり氷《ごおり》

(和菓子《わがし》 村上《むらかみ》／金沢《かなざわ》市)

寒天と砂糖《さとう》をとかしかため手でくだいて6日間乾燥《かんそう》させる「艶干錦玉《つやぼしきんぎょく》」という和菓子《わがし》の一種。手作業でしか生み出せないすずしげな風情《ふぜい》と、薄氷《うすごおり》が割《わ》れるような舌《した》ざわりが魅力

福井県《ふくいけん》

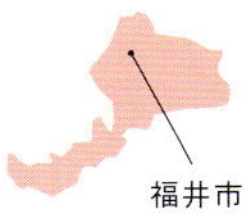

福井県は天平《てんぴょう》時代から続く日本有数の絹織物《きぬおりもの》の産地です。ふわりと軽くなめらかな「羽二重《はぶたえ》」がいちばん上等とされました。肌《はだ》ざわりのなめらかなぎゅうひもちは「羽二重もち」と名付けられ、絹織物とともに名物として名を広めました。

羽二重餅《はぶたえもち》

(錦梅堂《きんばいどう》／福井《ふくい》市)

藩主《はんしゅ》・松平家《まつだいらけ》の御用菓子職人《ごようがししょくにん》だった創業者《そうぎょうしゃ》が「羽二重もち」の原型をつくったとされる。丹波《たんば》産と北陸産のもち米を合わせた、やわらかさの中にコシのある絶妙《ぜつみょう》な食感のもち

※「羽二重」はやわらかくつやのある、伝統的《でんとうてき》な絹織物

岐阜県《ぎふけん》

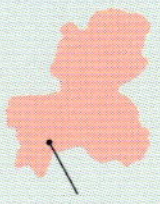

登《のぼ》り鮎《あゆ》

（玉井屋本舗《たまいやほんぽ》／岐阜市《ぎふし》）

ほどよい甘《あま》さのぎゅうひを、薄《うす》くだ円形に焼いたカステラ生地ではさんだお菓子《かし》。ほおばれば、もっちりとしたぎゅうひの食感と、卵《たまご》たっぷりのカステラの風味が口中に広がる

岐阜市の北を流れ、伊勢《いせ》湾《わん》へと注ぐ長良川《ながらがわ》。毎年五月になると、あゆの伝統《でんとう》漁法である「鵜飼《うかい》」が始まります。鵜がとらえたあゆは皇《こう》室《しつ》に献上《けんじょう》するのが古くからのならわしです。全国的に名高いあゆをかたどったお菓子《かし》が、岐阜県にはたくさんあります。明治四十一年に誕生《たんじょう》した「登《のぼ》り鮎《あゆ》」はもっとも有名なあゆ菓子のひとつ。せいかんな顔つきと今にも泳ぎ出しそうな姿《すがた》が、激《はげ》しい急流を上って行く長良川のあゆを思わせます。

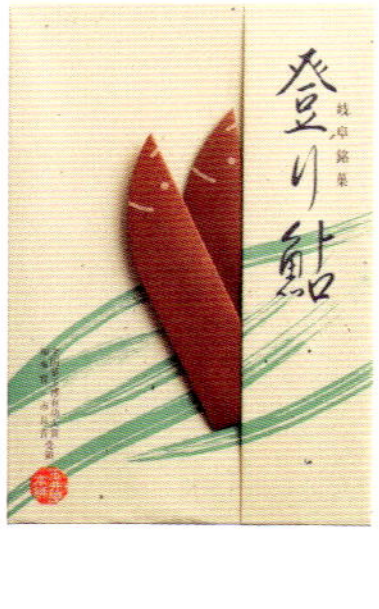

※鵜飼は、水鳥の「鵜」をあやつって魚をとる漁の方法

愛知県《あいちけん》

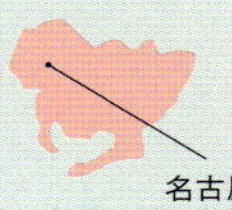

青柳《あおやぎ》ういろう

(青柳総本家《あおやぎそうほんけ》／名古屋《なごや》市)

米粉と砂糖《さとう》を蒸《む》したもので、米の上品な風味と甘《あま》さ、もっちりしたやさしい歯ごたえが楽しめる。淡白《たんぱく》な風味の「しろ」のほか、桜《さくら》の葉のかおりが付いたもの、黒糖《こくとう》などの味がある

江戸《えど》初期に生まれたとされる「ういろう」は、役人が持つ「外郎《ういろう》」という薬に似《に》ていたことから名付けられます。全国各地に広まり、その先々で米粉や小麦粉、わらび粉など、原料も食感も自由に発展《はってん》しました。名古屋でういろうがつくられ始めたのも同じころで、うるち米の米粉を主な原料としています。「青柳総本家《あおやぎそうほんけ》」が名古屋駅や東海道新幹線《しんかんせん》の車内で販売《はんばい》してから、名古屋名物として知られるようになりました。

※現在《げんざい》は新幹線車内での販売は行っていません

滋賀県《しがけん》

鎌倉《かまくら》時代、九州が蒙古軍《もうこぐん》におそわれた時に「難《なん》をさけよう」と全国の神社仏閣《ぶっかく》で祈祷《きとう》があげられました。平和がもどったとき、蒙古軍の旗印の赤青の線が入っただんごを弓のつるで切り、神前に供《そな》えたのが「糸《いと》切餅《きりもち》」の始まりです。

糸切餅《いときりもち》

(莚寿堂本舗《えんじゅどうほんぽ》／多賀町《たが》)

さらりとしたこしあんをなめらかなもちで細長く包み、三味線《しゃみせん》の糸で切った、多賀大社《たがたいしゃ》の「縁起《えんぎ》もち」。刃物《はもの》を使わずに糸でもちを切ることで悪《あく》霊《りょう》を断《た》ち切り、平和を願う意味が

※蒙古軍(モンゴル帝国《ていこく》の軍)による日本侵攻《しんこう》を「元寇《げんこう》」といいます。
旗印とは戦で目印として旗につけるもよう

三重県《みえけん》

古くは東海道の宿場町として栄えた「日永《ひなが》の里(現《げん》四日市《よっかいち》市)」。地名にちなんで生まれた「なが餅《もち》」はつぶあん入りのもちを長くのばして焼いたもの。旅の携行食《けいこうしょく》としても愛されました。戦国武将《ぶしょう》・藤堂高虎《とうどうたかとら》も「武運《ぶうん》のながき餅」と喜んだそう。

なが餅《もち》

(なが餅笹井屋《もちささいや》／四日市市《よっかいち》)

自家製《じかせい》あんを、たんねんについたもちで包み、手作業で平たくのばしてこうばしく両面を焼き上げる450年以上前から変わらぬ製法《せいほう》。昔は今よりもう少し長く、15㎝もあったそう

京都府《きょうとふ》

京都のおみやげでもっとも有名な「八ツ橋《やつはし》」。もとは米粉と水を混《ま》ぜて蒸《む》し、砂《さ》糖《とう》とニッキを練り混《ま》ぜ、薄《うす》くのばした生地でつくるかた焼きせんべいです。昭和になって「生八ツ橋」が考案され、さらにあんをはさむなど、日々進化しています。

あん入り生八ツ橋《なまやつはし》
あんなま

（本家西尾八ツ橋《ほんけにしおやつはし》／京都《きょうと》市）

1689年創業《そうぎょう》の老舗《しにせ》の八ツ橋。写真はあん入り生八ツ橋のニッキとまっ茶味。世界の博覧会《はくらんかい》にも出品し、明治22年のパリ万博では銀賞を受賞するなど、八ツ橋の魅力《みりょく》を広く発信

奈良県《ならけん》

飛鳥《あすか》時代、日本に伝わった「唐菓子《からくだもの》」（P42）の一つに米粉を練ってあげたぎょうざのような形の「ぶと」があります。春日大社《かすがたいしゃ》では神様のためにぶとをつくり、祭事ごとに供《そな》えます。これをもとに神社の許可《きょか》を得て「ぶと饅頭《まんじゅう》」をつくりました。

ぶと饅頭《まんじゅう》

（萬々堂通則《まんまんどうみちのり》／奈良《なら》市）

米粉ではなく小麦粉の生地でこしあんをぎょうざのように包み、カラリとあげて砂糖《さとう》をまぶした。小豆の風味たっぷりのこしあんは舌《した》ざわりなめらか。和菓子《わがし》の原点の味を再現《さいげん》

大阪府《おおさかふ》

粟《あわ》おこし、岩《いわ》おこし

（あみだ池大黒《いけだいこく》 本店《ほんてん》／大阪《おおさか》市）

江戸《えど》後期、長堀川《ながほりがわ》あみだ池のほとりに店を開き、米だわらからこぼれた米を買いとり、おこしづくりを始めた。「岩おこし」は米をより細かくしてしょうがを加えた、かたいおこし

米やあわなどを蒸《む》して干《ほ》し、砂糖《さとう》や水あめを混《ま》ぜてかためたお菓子《かし》が「おこし」です。米は高価《こうか》だったので、主にあわ・はと麦などでつくっていました。江戸《えど》中期、大阪は「天下の台所」と呼《よ》ばれ米や砂糖が手に入れやすくなります。米を細かくくだいてあわのようにした「あわおこし」をつくったところ、味のよさで大人気に。「身をおこし、家をおこし、国をおこして福をおこす」という縁起《えんぎ》のよさもあいまって大阪名物になりました。

和歌山県《わかやまけん》

「ようかん」は、昔は蒸《む》したものだけでした。江戸《えど》時代に「総本家駿河屋《そうほんけするがや》」が寒天を使った「煉羊羹《ねりようかん》」を初めてつくります。紀州徳川家《きしゅうとくがわけ》の祖《そ》・徳川頼宣《とくがわよりのぶ》につき従《したが》い、創業の地の京都から和歌山へと移《うつ》り、お菓子《かし》づくりを始めたそうです。

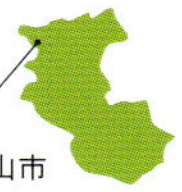

極上本煉羊羹《ごくじょうほんねりようかん》

（総本家駿河屋《そうほんけするがや》／和歌山《わかやま》市）

創業《そうぎょう》は室町時代。江戸時代に発見された材料・寒天を使って初めてつくった「煉羊羹」は、しっとりした舌ざわりが魅力。白小豆《しろしょうず》によるすき通るような天然の紅色が美しい

兵庫県《ひょうごけん》

江戸《えど》後期、姫路城《ひめじじょう》の城主だった酒井家《さかいけ》に、十一代将軍《しょうぐん》・徳川家斉《とくがわいえなり》の娘である喜代姫《きよひめ》がおよめ入りした時につくられたのが「玉椿《たまつばき》」です。手でつまむと、おどろくほどのやわらかさ。ふんわり甘《あま》い、初々しい乙女《おとめ》のような姿《すがた》の姫路銘菓《めいか》です。

玉椿《たまつばき》

（伊勢屋本店《いせやほんてん》／姫路《ひめじ》市）

とても生産量の少ない白小豆《しろしょうず》を使った品のいい甘《あま》さの黄身《きみ》あんを、薄《うす》紅色《べにいろ》のぎゅうひで包んで椿の花に見立てた。江戸《えど》で修業《しゅぎょう》した職人《しょくにん》がつくった、江戸風の上生菓子《じょうなまがし》

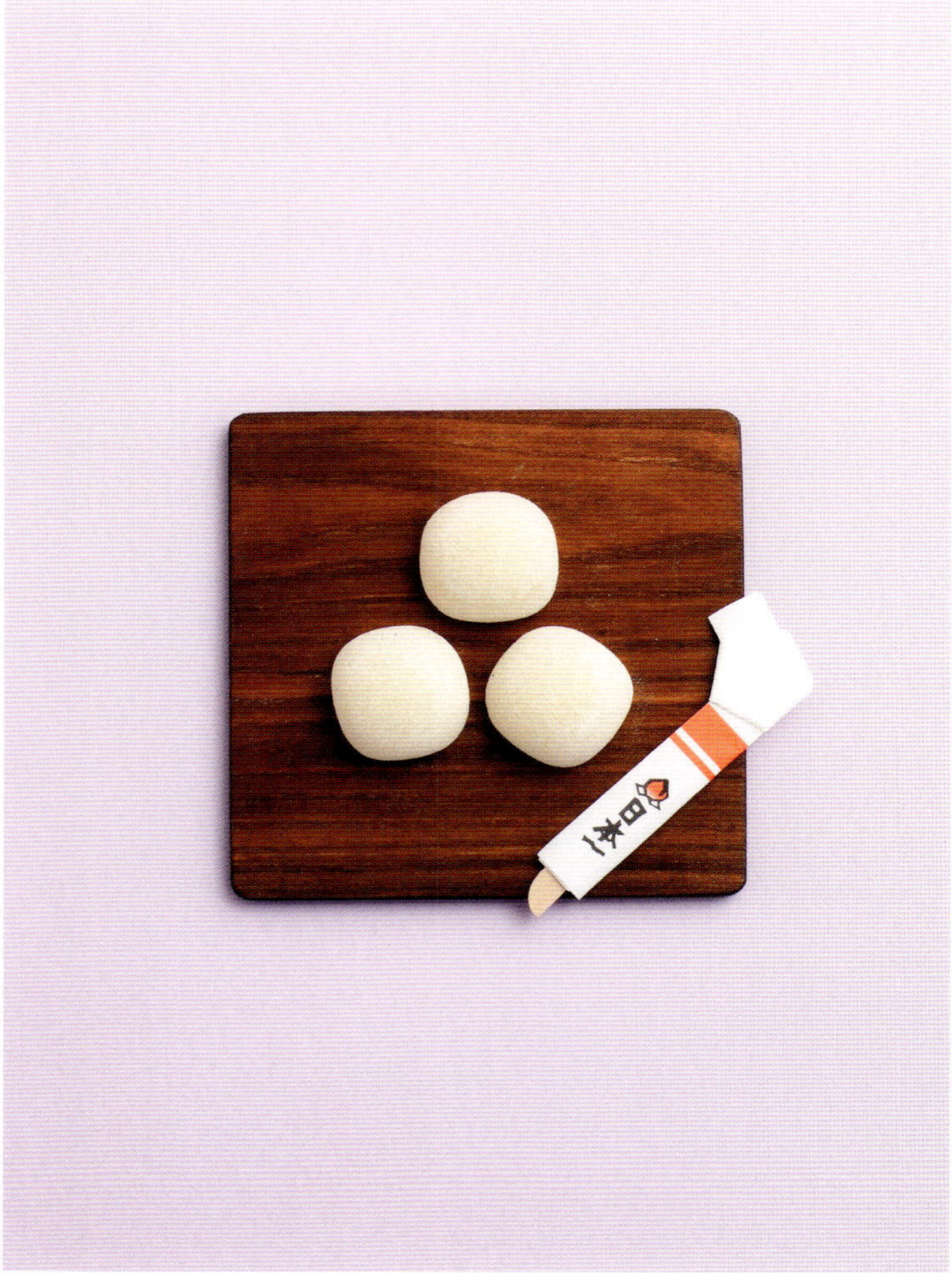

広島県《ひろしまけん》

嚴島《いつくしま》の紅葉谷《もみじだに》は紅葉《こうよう》の名所です。広島名物の「もみじまんじゅう」は、明治の総理大臣の伊藤博文《いとうひろぶみ》が紅葉谷を訪《おとず》れた時、茶屋の娘《むすめ》に「もみじのようにかわいい手、食べたらおいしそう」とじょうだんを言い、その話から生まれた説が有名です。

もみじまんじゅう

（藤《ふじ》い屋《や》／廿日市《はつかいち》市）

近隣の農場から仕入れた新鮮《しんせん》な卵《たまご》を使ったカステラ生地で、なめらかなこしあんを包んだ「藤い屋」の「もみじまんじゅう」。ふっくらとした焼き加減《かげん》は、熟練《じゅくれん》の職人《しょくにん》ならではの技《わざ》

岡山県《おかやまけん》

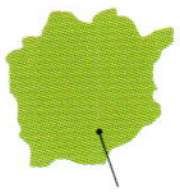

昔話「桃太郎《ももたろう》」で有名なきびだんごは、きびのとれる所ならどこにでもある食べ物でした。江戸《えど》時代に日持ちと味わいを改良した「きびだんご」が登場。日清《にっしん》戦争で戦勝した時に縁起《えんぎ》のいいお菓子《かし》として人気を集め、全国に広まりました。

元祖《がんそ》きびだんご

（廣榮堂《こうえいどう》／岡山《おかやま》市）

江戸時代、茶席に合うように改良されたきびだんごで、きびの代わりにもち米を使用。当時は貴重《きちょう》な砂糖《さとう》と水あめを混《ま》ぜ、風味付けにきび粉を加え、現在《げんざい》とほぼ同じ製法《せいほう》を完成

※きびはイネ科の植物で昔は米の代用でした

鳥取県《とっとりけん》

打吹公園《うつぶきこうえん》だんご

（石谷精華堂《いしたにせいかどう》／倉吉市《くらよしし》）

桜《さくら》の名所であり、天女《てんにょ》伝説もある打吹公園がつくられたときに生まれた名物だんご。地元産のもち米粉にみつを加えてねった小ぶりのだんごに、小豆・まっ茶・白あんをまぶした

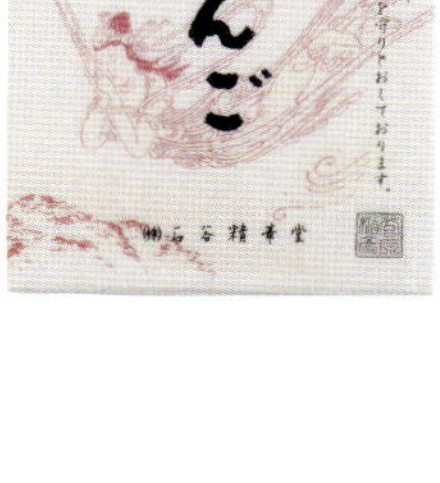

南北朝《なんぼくちょう》時代、隠岐《おき》の島に流された後醍醐天皇《ごだいごてんのう》が島を脱出《だっしゅつ》したとき、地元の豪族《ごうぞく》が船上山《せんじょうざん》（現琴浦町《げんことうらちょう》）におむかえしてだんごをふるまったという言い伝えがあります。この話をもとに明治十三年にだんごづくりを始めたのが「石谷精華堂《いしたにせいかどう》」の創《そう》業者《ぎょうしゃ》。最初はあんをまぶしただけのそぼくなものでしたが、打吹《うつぶき》公園がつくられたとき、あざやかな三色だんごを完成させました。桜《さくら》のころには花見だんごとしても愛されています。

※豪族とは、地方を支配していた有力者のことです

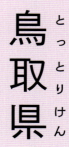

島《しま》根《ね》県《けん》

源氏巻《げんじまき》

（山田竹風軒本店《やまだちくふうけんほんてん》／津和野《つわの》町）

明治18年創業《そうぎょう》の老舗《しにせ》で、ほどよい甘《あま》さのこしあんをしっとりしたカステラ生地で巻《ま》く、伝統的《でんとうてき》な「源氏巻」をつくり続ける。本社工場では予約すれば源氏巻の手焼き体験ができる

「源氏巻《げんじまき》」は、むらさきがかって見えるあんの色から、源氏物語の「若紫《わかむらさき》」の和歌にちなんで名付けられました。このお菓子《かし》、江戸《えど》初期に起きたあるいさかいから生まれました。津和野藩《つわののはん》の三代目藩主《はんしゅ》とその指南《しなん》役が仲たがいした時、藩の家老《かろう》が小判《こばん》をカステラのような平たい生地に包んでおくり、争いをなだめます。それ以降《いこう》、小判の代わりにあんを生地で包むようになり、津和野の菓子店でつくられるようになりました。

山口県《やまぐちけん》

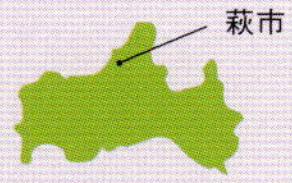

萩乃薫《はぎのかおり》

（光國本店《みつくにほんてん》／萩市《はぎ》）

夏みかんの皮を日本で初めてお菓《か》子《し》にした「萩乃薫」。写真上から、青く若い夏みかんの砂糖《さとう》づけ「青ぎり」（9～11月限定）、ゼリー風の「琥珀《こはく》かん」、夏みかんの皮の砂糖づけ

夏みかんは江戸《えど》中期に長《なが》門《と》市で初めて発見されました。萩《はぎ》市でさかんに栽培《さいばい》されるようになったのは明治に入ってから。萩はかつて長《ちょう》州《しゅう》藩《はん》の城下町《じょうかまち》として栄えていましたが、明治維新《いしん》後は経済的《けいざいてき》に苦しくなります。仕事を失った人々を助けるため、夏みかんが植えられるようになりました。これとほぼ同時期に生まれたのが、三日かけてつくる夏みかんの皮の砂糖《さとう》づけです。甘《あま》くほろ苦い、萩の歴史をしのばせるお菓子《かし》です。

※江戸幕府《ばくふ》から明治政府に交代した一連の変革《へんかく》を「明治維新」といいます。藩がなくなり、武士《ぶし》は仕事を失いました

香川県《かがわけん》

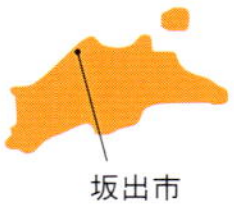

遺跡《いせき》からは「製塩《せいえん》土器」が出土《しゅつど》し、江戸《えど》時代には「入《い》り浜《はま》式塩田」が完成するなど、坂出《さかいで》市は塩づくりの長い歴史を持っています。讃《さ》岐《ぬき》の銘菓《めいか》「名物かまど」は、塩をたくときに使うかまどをかたどった、かわいらしいまんじゅうです。

名物かまど

（名物かまど／坂出《さかいで》市）

白いんげん豆に新鮮《しんせん》な卵黄《らんおう》をたっぷり加えた黄味あんを、小麦粉と卵《たまご》の生地で包んだ、ほっくり優《やさ》しい味わいのお菓子《かし》。昭和20年前後に生まれて以来、地元名物として人気

愛媛県《えひめけん》

日本最古の温泉《おんせん》として知られる天下の名湯「道後《どうご》温泉」。その周辺では三色だんごが名物です。夏目漱石《なつめそうせき》の小説『坊《ぼ》っちゃん』の中で、道後温泉でだんごを二皿も食べる場面が登場することから「坊っちゃん団子《だんご》」と呼《よ》ばれるようになりました。

坊《ぼ》っちゃん団子《だんご》

（うつぼ屋／松山《まつやま》市）

道後温泉《どうごおんせん》本館でも出されているだんご。緑・黄・小豆の3色のあんでもちを包んだ。緑はかおり高いまっ茶、黄色は白あんにくちなしで色を付けるなど、天然の素材《そざい》からつくられる

※「入り浜式塩田」は、海水を浜に引き入れて乾燥させ塩をつくる方法

徳島県《とくしまけん》

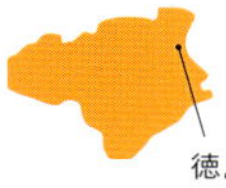

徳島県と香川県でしかつくられていない伝統製法《でんとうせいほう》の「和三盆糖《わさんぼんとう》」。和菓子《わがし》づくりに欠かせない、希少な砂糖《さとう》です。明治十年ごろに生まれた「小男鹿《さおしか》」は、地元の阿《あ》波和《わ》三盆糖を使った上品な甘《あま》さが楽しめるお菓子《かし》。風流な見た目も魅力《みりょく》です。

高知県《こうちけん》

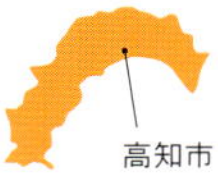

「ケンピ」とは江戸《えど》初期からつくられてきた高知県の郷土菓子《きょうどがし》です。小麦粉と砂《さ》糖《とう》を練ってのばし、細長く切って焼いたもの。かじるとそのかたさにおどろきますが、意外にも口どけがよく、優《やさ》しい甘《あま》さが広がるそぼくなおやつです。

ケンピ

（西川屋《にしがわや》／高知市《こうち》）

「西川屋」の創業者《そうぎょうしゃ》が土佐藩《とさはん》の御用《ごよう》をたまわっていた「白髪《しらが》そうめん」のつくり方をもとに開発。とてもかたいことから「堅干《けんぴ》」と名付けた。藩主《はんしゅ》の山内一豊《やまうちかつとよ》に愛され、地元銘菓《めいか》に

小男鹿《さおしか》

（冨士屋《ふじや》／徳島市《とくしま》）

山いもと阿波和三盆糖《あわわさんぼんとう》を合わせた生地を練り上げて蒸《む》し、もっちりした食感に。「小男鹿」とはオスの小じかの意味。切った断面《だんめん》からのぞく小豆が、しかの背《せ》の模様《もよう》に見えるお菓子《かし》

福岡県《ふくおかけん》

無実の罪《つみ》で太宰府《だざいふ》に流されたとされる菅原道真《すがわらみちざね》。その悲惨《ひさん》なくらしを見かね、梅の枝《えだ》にもちをさして差し入れたという話から、「梅《うめ》ヶ枝餅《えもち》」が生まれました。道真をまつる「太宰府天満宮《てんまんぐう》」の参道には梅ヶ枝餅を焼く店が軒《のき》を連ねています。

梅《うめ》ヶ枝餅《えもち》

(かさの家《や》／太宰府《だざいふ》市)

もち米とうるち米を合わせた生地で、ほどよい甘《あま》さのつぶあんを包んで焼いたもの。参道ではアツアツの焼きたてが食べられ、毎月25日の「天神様の日」には、よもぎ味も登場

佐賀県《さがけん》

交易《こうえき》で栄えた港町の唐津《からつ》は、中国大陸と日本を結ぶ文化の交流地点。豊臣秀吉《とよとみひでよし》の朝鮮出兵《ちょうせんしゅっぺい》の時に高麗《こうらい》から伝わった焼きまんじゅうを、江戸《えど》後期に改良したものが「松露饅頭《しょうろまんじゅう》」です。虹《にじ》の松原《まつばら》に生える松露(丸いきのこ)に似た形のお菓子《かし》です。

松露饅頭《しょうろまんじゅう》

(大原老舗《おおはらろうほ》／唐津《からつ》市)

きめの細かい良質《りょうしつ》のこしあんに、放し飼《が》いの地どりの卵《たまご》と小麦粉と砂糖《さとう》でつくったカステラ生地をかけながら、ひとつずつ手で返して焼き上げる。箱には祭りの「曳山《ひきやま》」が描《えが》かれる

※虹の松原は、唐津市にある日本三大松原のひとつです。高麗は朝鮮半島にあった国の名前

大分県《おおいたけん》

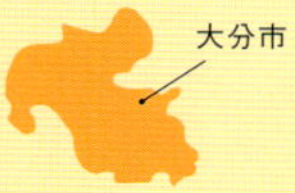

ざびえる

（ざびえる本舗《ほんぽ》／大分市《おおいたし》）

バターがかおるビスケット風の生地であんを包んだ、和と洋の味わいを持つ南蛮菓子《なんばんかし》。金と銀があり、シンプルな白あんと、ラム酒づけレーズン入りのあんの、2つの味が楽しめる

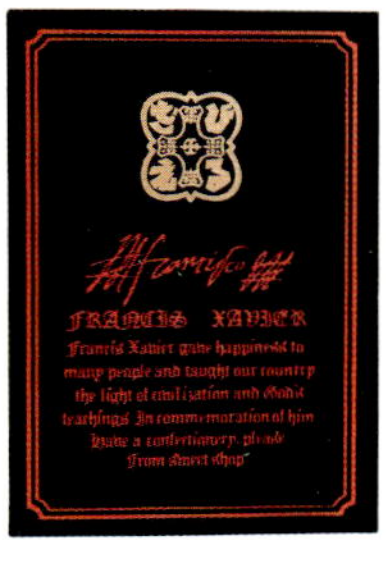

室町時代、日本に初めてキリスト教を伝え、西洋文化をもたらしたフランシスコ・ザビエル。禁教《きんきょう》として追放されることも多いなか、豊後国府内《ぶんごのくにふない》の町（現《げん》大分市）では守護《しゅご》大名の大友宗《おおともそう》麟《りん》の保護《ほご》により、教えを広めることができました。そのザビエルの名を冠《かん》したのが、県内でもっとも長い歴史があり、広く愛されるお菓子《かし》「ざびえる」です。会社が倒産《とうさん》して一度は姿《すがた》を消しますが、復活《ふっかつ》を望む声にこたえてよみがえりました。

※布教や信仰《しんこう》を禁じることを禁教といい、日本ではキリスト教を禁じた時代がありました

長崎県《ながさきけん》

カスドース

（平戸蔦屋《ひらどつたや》／平戸《ひらど》市）

1502年創業《そうぎょう》の九州最古の老舗菓子《しにせかし》店で、400年変わらぬ製法《せいほう》でつくる「カスドース」。しっとり甘《あま》いカステラ生地とシャリシャリとしたグラニュー糖《とう》のハーモニーが楽しめる

ポルトガルの貿易船《ぼうえきせん》が初めて平戸《ひらど》に入港したのは一五五〇年。二十年後に長崎港が開かれるまで、日本で唯一《ゆいいつ》、海外と接点《せってん》があり、「カスドース」も貿易によって伝わったといわれています。カステラに卵黄《らんおう》をふくませ、糖《とう》みつをからめてあげ、さらに砂糖《さとう》をまぶした甘《あま》い南《なん》蛮菓子《ばんがし》。今は平戸の町の数《すう》軒《けん》でカスドースがつくられていますが、古くはお殿様《とのさま》しか食べることのできなかった、砂糖たっぷりのぜいたくなお菓子です。

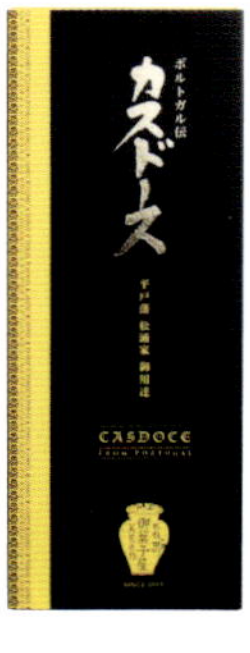

熊本県《くまもとけん》

誉《ほまれ》の陣太鼓《じんだいこ》

(お菓子《かし》の香梅《こうばい》／熊本《くまもと》市)

風味のよい大納言《だいなごん》小豆を秘伝《ひでん》のみつでたき上げ、じっくりと練り上げたなめらかな口当たりの、ぎゅうひを包んだお菓子《かし》。甘《あま》さひかえめで、冷やして食べてもおいしい

物資《ぶっし》が少ない戦後間もなくのころ、甘《あま》いものが強く求められていた時代に「誉《ほまれ》の陣太鼓《じんだいこ》」は誕生《たんじょう》します。やわらかなぎゅうひを小豆あんで包んだ新しいお菓子《かし》は、たちまち熊本銘菓《めいか》として地元に根付き、県の内外を問わず、おくりものには陣太鼓を選ぶ人が多いといいます。大納言《だいなごん》小豆は名水で名高い阿蘇山《あそざん》の伏流水《ふくりゅうすい》でていねいにたかれます。太鼓の形の特殊《とくしゅ》な紙缶詰《かみかんづめ》製法《せいほう》で包み、長期間みずみずしいおいしさが楽しめます。

※河川じきや山ろくの浅い地層《ちそう》を流れる地下水を伏流水といいます

宮崎県《みやざきけん》

鯨《くじら》ようかん

（阪本商店《さかもとしょうてん》／宮崎《みやざき》市）

機械は使わず、まきをたき、うすときねでもちをつく。町で唯一《ゆいいつ》、昔ながらの製法《せいほう》でなつかしい味を守る。その日につくったものしか販売《はんばい》せず「お菓子《かし》のさし身《み》」といわれている

米粉を蒸《む》したもちをあんではさむ、佐《さ》土《ど》原《わら》町の伝統《でんとう》菓子《がし》「鯨《くじら》ようかん」。背《せ》が黒く、おなかが白いくじらのように見えることから名付けられました。三百年前、佐土原藩《はん》の四代藩主が二歳の若君《わかぎみ》を残して亡《な》くなったとき、世継《よつ》ぎをめぐるお家《いえ》騒動《そうどう》が起こります。この時に母親が「若様にくじらのように大きく育ってほしい」という願いを込《こ》めて菓子屋につくらせたのが始まりです。子どもの健やかな成長を願う心優《やさ》しいお菓子です。

鹿児島県《かごしまけん》

薩摩《さつま》(現《げん》鹿児島県)の藩主《はんしゅ》・島津斉彬《しまづなりあきら》公ができきの菓《か》子職人《しょくにん》を江戸から招《まね》き寄《よ》せたとき、職人は良質《りょうしつ》なじねんじょがとれることに注目し「かるかん」を生み出します。以来、結婚式《けっこんしき》など特別な日のお菓子として珍重《ちんちょう》され、全国に広まりました。

かるかん

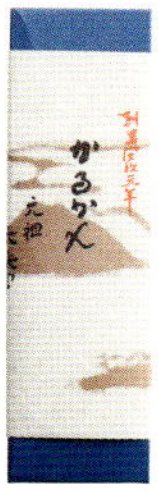

(明石屋《あかしや》／鹿児島《かごしま》市)

じねんじょ(ねばりの強い希少な山いも)をすりおろし、米粉と砂糖《さとう》を加えて蒸《む》したもの。ふんわり軽く、雪のように白い優美《ゆうび》な見た目で、しっかりしたうま味が楽しめる

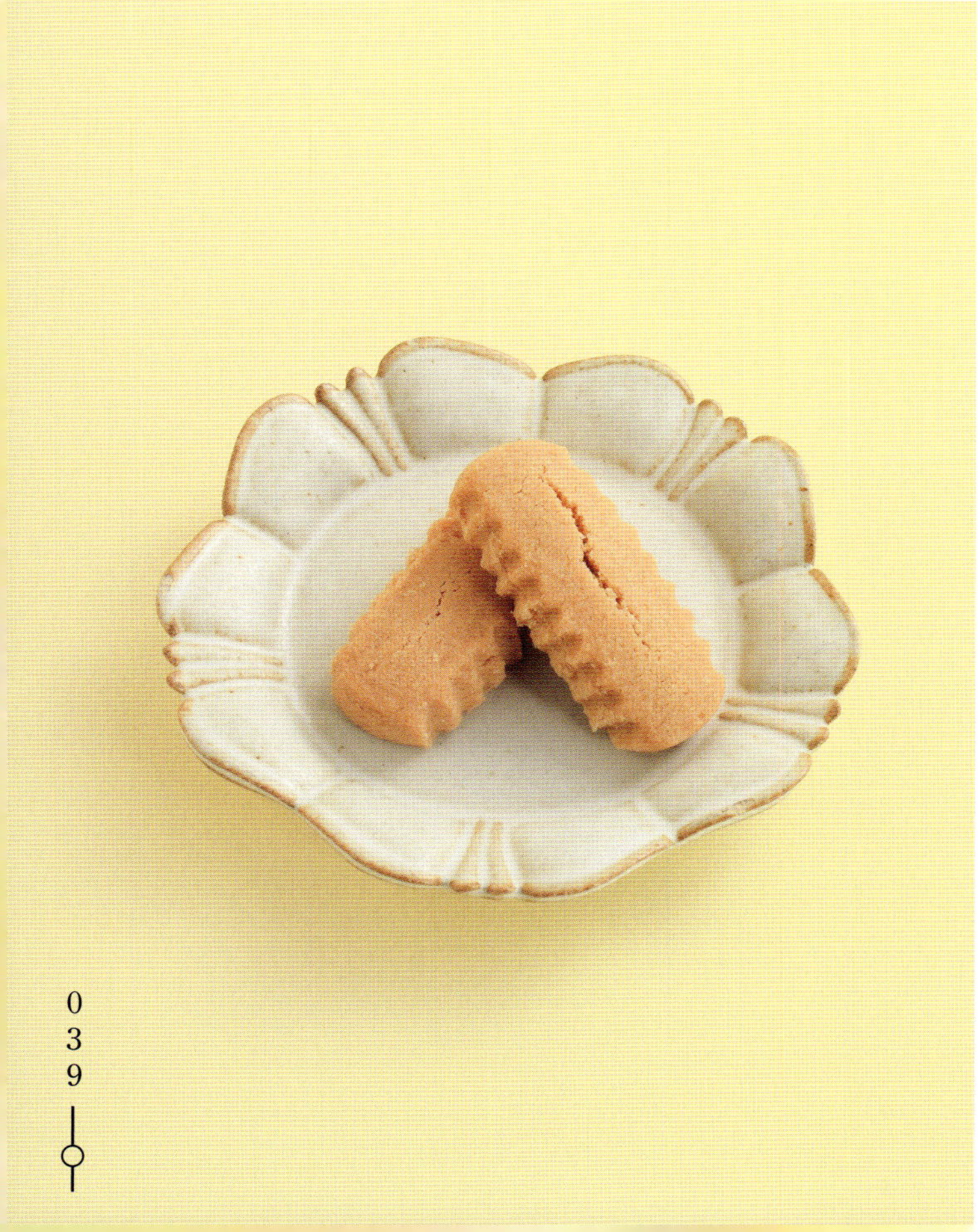

沖縄県《おきなわけん》

沖縄が「琉球《りゅうきゅう》王国」だった時代、中国と日本の文化を上手に取り入れて発展《はってん》してきました。「ちんすこう」は日中の技術《ぎじゅつ》を生かした、ビスケットのような焼菓子《やきがし》。王族や貴族《きぞく》が祝い事の時にのみ食べていた、琉球王朝ゆかりのお菓子です。

ちんすこう

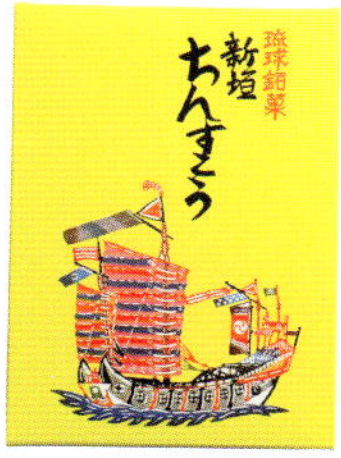

(新垣《あらかき》菓子店《かしてん》／那覇《なは》市)

創業者《そうぎょうしゃ》は首里城《しゅりじょう》最後の包丁人(王国の公式な料理人)、菓子司《かしつかさ》の子孫。小麦粉と砂糖《さとう》、ラードでつくった生地をクッキー風の形に焼くなど改良し、現在《げんざい》の「ちんすこう」に仕上げた

※ラードとはぶたの脂《あぶら》。パイやあげ油など中国や西洋菓子に使われます。菓子司とは菓子職人《しょくにん》または菓子店のこと

集めてみよう！

包み紙コレクション

型染《かたぞ》めで描《えが》いた栗《くり》の字をだいたんにデザインした、栗の町・長野県小布施《おぶせ》町の老舗《しにせ》「桜井甘精堂《さくらいかんせいどう》」。なつかしい民芸調なのに、モダンな雰囲気《ふんいき》

包み紙で日光の名所がわかるよ！

栃木県の「日光甚五郎煎餅《にっこうじんごろうせんべい》」の包み紙。徳川家康《とくがわいえやす》をまつる日光東照宮《とうしょうぐう》、左甚五郎《ひだりじんごろう》作の眠《ねむ》り猫《ねこ》、華《け》厳《ごん》ノ滝《たき》、中禅寺湖《ちゅうぜんじこ》など日光の名所が描《えが》かれる

絵本作家の五味太郎《ごみたろう》が、桃太郎《ももたとう》とその仲間たちを描《えが》いた岡山県の「元祖《がんそ》きびだんご」。包みを開けると、箱にも大きな桃太郎の絵が！

和歌山県の「極上本煉羊羹《ごくじょうほんねりようかん》」は、木箱の上に富士《ふじ》山《さん》の絵のかけ紙をした包装《ほうそう》。日本人の心にひびく富士の絵は、おくった相手にも喜ばれそう

沖縄県の「新垣菓子店《あらかきかしてん》」が伝統製法《でんとうせいほう》でつくる「ちんすこう」の包み紙の絵は、琉球《りゅうきゅう》王朝の時代に朝貢《ちょうこう》のために中国へおもむいた船「進貢船《しんこうせん》」

※朝貢とは中国の朝廷《ちょうてい》にみつぎものをささげること

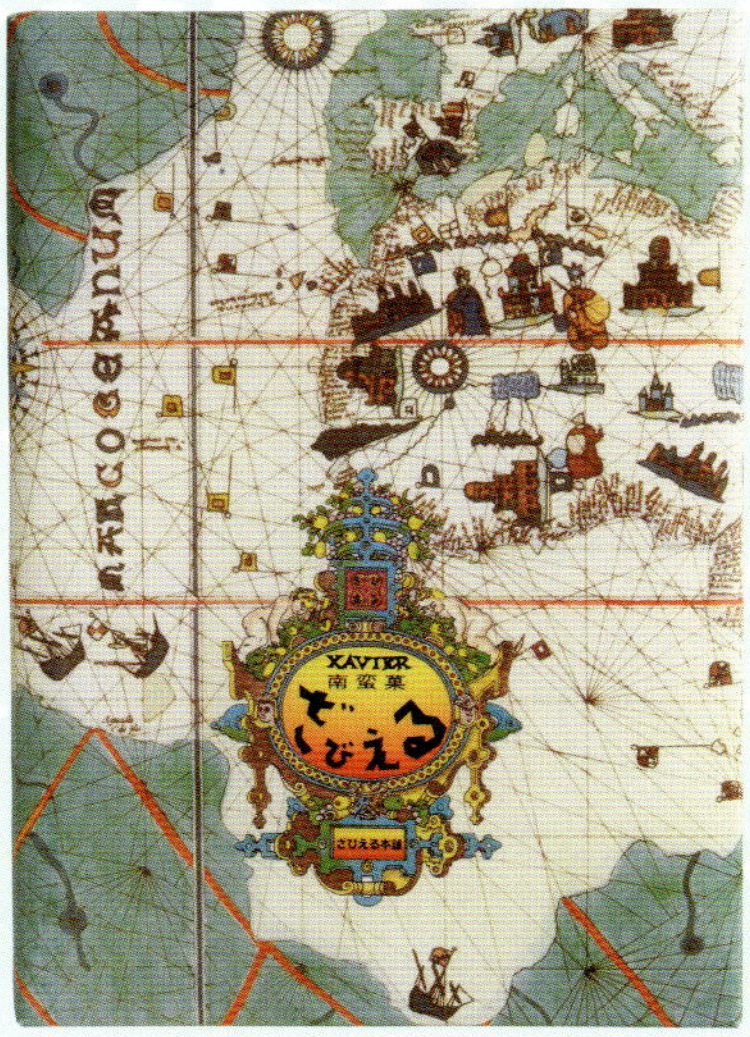

大分銘菓《めいか》「ざびえる」の包み紙は、ポルトガルから日本にはるばるやってきたフランシスコ・ザビエルの長い航海をイメージした世界地図

美しい版画でデザインされた包み紙

版画家《はんがか》・棟方志功《むなかたしこう》が、お気に入りの兵庫県の「瓦《かわら》せんべい」のために描《えが》いたぜいたくな包み紙。妻《つま》をモデルにした女性《じょせい》や店名をデザイン

島根県の銘菓《めいか》、「風流堂《ふうりゅうどう》」の「山川《やまかわ》」は味のある版画《はんが》の包み紙。店の近くの松江《まつえ》大橋を中心に、宍道湖《しんじこ》や松江城《じょう》など江戸《えど》時代の松江を描《えが》いた

お菓子《かし》の始まり

はるか昔

木の実・果物時代

自然に生えている木の実や果物(＝果《か》子《し》)がお菓子《かし》の始まり。生のまま食べるか天日で干《ほ》して保存《ほぞん》しました。

縄文《じょうもん》時代～

もち・だんご時代

日本最古の加工品はもちとだんご。木の実を粉にしてアクをぬき、丸めてゆでたのが、だんごの起源《きげん》です。

飛鳥《あすか》時代～

唐《から》菓子《くだもの》の伝来

遣唐使《けんとうし》によって中国大陸の文化といっしょに「唐菓子」が伝わります。神《しん》仏《ぶつ》へのお供《そな》え物として尊《たっと》ばれました。

昔から食べられ時代とともに変化

はるか昔の人たちは、木の実や果物を生のまま、または太陽や風に干《ほ》して食べていました。人の手で加工し、お菓子《かし》をつくったのは「だんご」と「もち」が最初と考えられています。当時のだんごは木の実、米、麦などが原料。粉状にして水洗いすると、アクの強い木の実でも食べられるようになり、それを丸めてゆでたのがだんごの起源《きげん》といわれます。日本で発明されたもちは、蒸《む》した米をついてつくります。神聖《しんせい》な食べ物として神にささげられました。祭事の後にみんなといっしょに食べる「非日常《ひにちじょう》の食べ物」がお菓子に転じたと考えられています。甘味《かんみ》は米からつくった水あめや、「甘《あま》葛《づら》」という植物の汁《しる》を煮《に》つめ

新しい形をもたらした唐《から》菓子《くだもの》

「唐菓子」は「からくだもの」と読みます。米や麦を粉状《こなじょう》にしてこね、さまざまな形にして、ごま油で揚《あ》げたりゆでたりしたもののことです。飛鳥《あすか》時代に八種の「唐菓子」と十四種の「菓餅《かへい》」が伝来しました。唐菓子は神様《さま》や仏《ほとけ》様にささげられ、春日大社《かすがたいしゃ》や熱田神宮《あつたじんぐう》などで今もつくられています。平安《へいあん》時代には貴族《きぞく》のうたげに出され、庶民《しょみん》も食べられるようになりました。

梅の枝《えだ》の形の「梅枝《ばいし》」や桃《もも》の枝の形の「桃《とう》枝《し》」など複雑《ふくざつ》な形のお菓子が伝わった

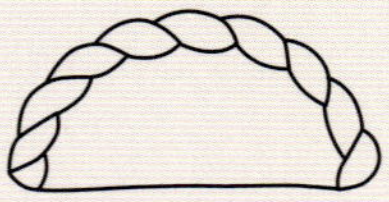

「ぶと」などは神様にささげるためのお菓《か》子《し》として尊《たっと》ばれ、今も一部の神社に残る

鎌倉《かまくら》時代〜

茶の湯とお菓《か》子《し》

一一九一年に宋《そう》（中国の王朝）より茶の木が伝わります。「茶の湯」の文化が生まれ、茶席に使うお菓子《かし》も発展《はってん》し始めます。まんじゅうやようかんの原型も中国大陸から入って来ましたが、肉食を禁《きん》じる仏教《ぶっきょう》の影響《えいきょう》から、小豆など植物性の材料が使われ、日本独自《どくじ》のお菓子が生まれます。

戦国《せんごく》時代〜

南《なん》蛮《ばん》菓《が》子《し》の伝来

スペインやオランダなど西洋からも外国人が渡来《とらい》し、時の権力者《けんりょくしゃ》に献上《けんじょう》されたお菓子《かし》は「南蛮菓子」と呼《よ》ばれ、珍重《ちんちょう》されました。一五五〇年にポルトガルの貿易船《ぼうえきせん》が平戸《ひらど》に来航し、平戸領主《りょうしゅ》に献上したのが最初の南蛮菓子です。砂糖《さとう》の輸入《ゆにゅう》もさかんになり、甘味《かんみ》として使われるようになります。

たものを使いました。

飛鳥《あすか》時代以降《いこう》、海外との交流が始まってから日本のお菓子《かし》の世界は大きく変わります。まず初めは七世紀に始まった唐《とう》（中国の王朝）との交流。中国大陸からめずらしい形のお菓子や新しい製法《せいほう》が伝わり、そぼくだった日本のお菓子は大きく発展《はってん》します。次のきっかけは、やはり中国大陸からもたらされたお茶を飲む習慣《しゅうかん》と「茶の湯」の文化の誕生《たんじょう》です。茶席に出されるお菓子は、次第にこったものがつくられるようになり、現代の和菓子の大きな基礎《きそ》がこの時代につくられました。

ヨーロッパの国々と交流が始まると、卵《たまご》や砂糖《さとう》をたっぷり使った「南蛮菓子《なんばんがし》」が登場します。伝来の地・長崎県から全国に広まり、和菓子として定着しました。また、この時期に千利休《せんのりきゅう》によって茶の湯が完成され、各地で流行したのもお菓子の発展に影《えい》響《きょう》をあたえます。

西洋から伝わり日本化した南蛮菓子《なんばんがし》

マルコ・ポーロの「東方見聞《とうほうけんぶん》録《ろく》」をきっかけに、当時南蛮人と呼ばれたポルトガル人やスペイン人に加え、オランダ人やイギリス人が日本にやって来ます。その時に伝わったお菓子《かし》はカステラやボーロ、有平糖《あるへいとう》、ビスケット、パンなど。江戸《えど》時代の鎖国《さこく》後は独自《どくじ》のつくり方に改良され、日本風に生まれ変わります。その後、南蛮菓子は「和菓子《わがし》」として定着しました。

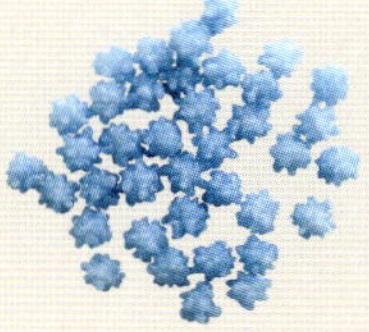

こんぺいとうはポルトガルの貿易船《ぼうえきせん》が来航した時に、織田信長《おだのぶなが》に献上《けんじょう》された

カステラはポルトガル伝来の南蛮菓子《なんばんがし》をもとに日本独自《どくじ》のお菓子《かし》に改良したもの

お菓子《かし》の発展《はってん》

江戸《えど》時代〜

菓子《かし》文化の発《はっ》展《てん》

上菓子《じょうがし》の誕生《たんじょう》と発展

砂糖《さとう》の流通量が増《ふ》えると菓子専門店も増えてきます。十七世紀末には高《こう》価《か》な白砂糖を使った「上菓子」（上等なお菓子）が誕生し、自然の風物や古典文学にちなんだ美しいものが登場します。京都を中心につくられ、江戸《えど》（現《げん》東京都）でも珍重《ちんちょう》されました。

参勤《さんきん》交代と茶屋の広まり

参勤交代で大名《だいみょう》や旗本《はたもと》が江戸《えど》と自分の治める国を往復《おうふく》するようになると、江戸や京都のお菓子《かし》は地方に広まり、反対に地方の銘菓《めいか》も江戸に知られるようになります。また、人の集まる寺社や街道に茶屋ができ、庶民《しょみん》もお菓子を楽しむようになりました。

都市と地方の交流で種類が豊富《ほうふ》に

古くは神仏《しんぶつ》へのお供《そな》えか、上流階級が楽しむものだったお菓子《かし》。江戸《えど》時代になると庶民《しょみん》の口にも入るようになります。一日二食しか食べていない時代で、はたらく人はおなかがもちません。そこで八《や》つ時《どき》（江戸時代の数え方で、午後二〜三時ごろ）にだんごやもちを間食するようになり、これが「おやつ」の語源《ごげん》となりました。

江戸時代には、技術《ぎじゅつ》が進化して「上菓子《じょうがし》」が生まれます。江戸に都ができたばかりのころは、京都や大阪から下《くだ》ってくるものを「下りもの」として珍重《ちんちょう》しましたが、次第に江戸らしいお菓子が生まれ、たがいに技をきそい合うように。同じ上菓子でも京都では色で表現し、形は抽象的《ちゅうしょうてき》

名物のお菓子《かし》が江戸《えど》時代に誕生《たんじょう》

参勤《さんきん》交代などで街道が整《せい》備《び》されると、人々の往来《おうらい》がさかんになります。宿場町や寺社の参道に「茶屋」がつくられ、そこで出された個性的《こせいてき》なお菓子《かし》が話題を集め、土地の名物になりました。街中では、あめやところてんの「ふり売り」が行きかい、魚河岸《うおがし》（魚市場）など人の集まる場所では焼きたてのきんつばや大福などを出す屋台が登場し、人気を集めました。

大福
江戸《えど》・小石川《こいしかわ》でつくられたのが始まり。縁起《えんぎ》のよい名と味で流行した

きんつば
刀のつばの形をしている。発祥《はっしょう》の京都では銀つば、江戸では金つばと呼《よ》ぶ

※ふり売りとは、商品を入れた木おけなどをてんびん棒《ぼう》の前後に下げ、かついで売り歩くこと

明治時代〜

西洋菓子《がし》との融合《ゆうごう》

明治維新《いしん》以降《いこう》、文明開化の風潮《ふうちょう》が強まり、洋風の食文化や舶来品《はくらいひん》がもてはやされるようになります。もともとあった日本のお菓子《かし》に、西洋の素材《そざい》を合わせたものがつくられるようになり、「あんぱん」や「チョコレートまんじゅう」などが誕生《たんじょう》します。ビスケットなど西洋菓子もつくられるようになりますが、バターになじみのない日本人でも食べやすいよう製法《せいほう》を工夫するお店が登場し、日本独自《どくじ》の味も生まれました。

なものが多い一方、江戸《えど》ではこった細工の写実的なものが好まれるなど、地域《ちいき》によるちがいも生まれました。同じころ、各地でおくりものなどのお菓子《かし》が必要となり、うでのよい職人《しょくにん》が都から呼《よ》び寄《よ》せられ、その土地らしさを出した銘菓《めいか》が生まれました。

明治時代に西洋文化が入り、お菓子はさらに豊《ゆた》かに発《はっ》展《てん》します。海外の食文化を取り入れ、長い年月をかけて進化し、伝承《でんしょう》されてきたお菓子は、はるか昔からの歴史とそれぞれの土地の魅力《みりょく》を秘《ひ》めた日本がほこる食文化のひとつです。

日本のお菓子《かし》は「包む」文化

和菓子は「包む」文化といわれています。「たね」と呼《よ》ばれる外側が「あん」と呼ばれる内側を包む形になっているからです。包むの語源《ごげん》は「つつましい」。むき出しにしない、心を包み込《こ》むという意味があり、日本人の民族《みんぞく》性《せい》をよくあらわしています。おいしさを内に包み、内と外の二つの調和を楽しむ文化といえるでしょう。

平和とお菓子《かし》

お菓子《かし》を楽しめるのは平和のあかし

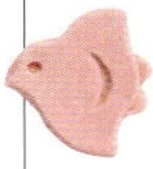

日本でお菓子《かし》が大きく発展《はってん》し、全国に広まったのは江《え》戸《ど》時代に入ってから。満足に食べることができなかった戦国《せんごく》時代が終わり、平和な世が訪《おとず》れて、初めて庶民《しょみん》にもお菓子を楽しむよゆうが生まれたのです。全国各地で名物菓子が生まれるなど、長い年月をかけて多様な進化を続けます。しかし、第二次世界大戦で戦争が激化《げきか》すると砂《さ》糖《とう》が手に入らなくなり、甘《あま》いものは姿《すがた》を消してしまいます。今、わたしたちが気軽にお菓子を食べられるのは、平和な時代だからこそ。お菓子は平和のあかしといえるのです。

年中行事とお菓子《かし》

正月

縄文《じょうもん》時代よりもちは神聖《しんせい》なものとされ、室《むろ》町《まち》時代以降《いこう》に「鏡もち」を正月に年神様《としがみさま》へお供《そな》えする習慣《しゅうかん》が生まれました。また、宮中の新年の行事にゆかりのある「花びらもち」や、干支《えと》菓子、松竹梅《しょうちくばい》など、縁起《えんぎ》のいい形のお菓子で新年を祝います。

節分

節分とは季節(立春・立夏・立秋・立冬)が始まる日の前日のことで、季節の分かれ目にあたる日。江戸《えど》時代以降《いこう》は主に立春の前日を指すようになり、「いり豆」をまいて邪気《じゃき》(鬼《おに》)をはらい、新しい春をむかえます。豆を食べて無病息災《むびょうそくさい》を願います。

ひな祭り

桃《もも》の節句《せっく》とも呼《よ》ばれる、女の子の健康を祝う行事。厄《やく》ばらいが起源《きげん》の祭りで、厄よけになる草もちが「ひしもち」に使われています。ほか、「ひなあられ」や「桜もち」、お姫《ひめ》様を象徴《しょうちょう》する二枚貝《にまいがい》(はまぐりなど)の形をしたお菓子《かし》をお供《そな》えします。

地域《ちいき》で異《こと》なる「桜《さくら》もち」と「かしわもち」

実は同じ名前のお菓子《かし》でも地域《ちいき》によって材料や形がまったくちがうものもあります。たとえば「桜《さくら》もち」は関東の小麦粉生地に対し、関西では道明寺《どうみょうじ》粉の生地を使います。また「かしわもち」は関東ではかしわの葉を使いますが、かしわの木が自生していない西日本ではさるとりいばらの葉が使われ、かおりも見た目も異《こと》なります。

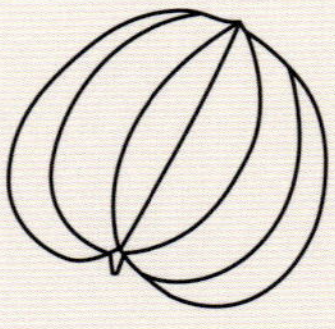

さるとりいばら

サンキライとも亀《かめ》の葉とも呼《よ》ばれる、かしわよりも小さく丸い葉

かしわ

新芽が出ないと古い葉が落ちず「家系がとだえない＝子孫繁栄《しそんはんえい》」を意味

和菓子《わがし》の日

6月16日に「除災招福《じょさいしょうふく》」の願いを込《こ》めてお菓子《かし》をおくったり食べたりする「嘉祥《かじょう》の日」があり、それを現代《げんだい》に復活《ふっかつ》させたのが「和菓子の日」です。

春と秋の彼岸《ひがん》

三月と九月に行う彼岸《ひがん》では、先祖《せんぞ》を供養《くよう》するために「おはぎ」をお供《そな》えし、後にいただきます。小豆の粒々《つぶつぶ》がはぎの花に似《に》ていることから「はぎのもち」→「おはぎ」となりました。「ぼたもち」や「半殺し」など地域《ちいき》や季節によって呼《よ》び名が変わります。

端午《たんご》の節句《せっく》

男の子の健康を祝う行事。関東では「子孫《しそん》繁栄《はんえい》」の縁起《えんぎ》に使われるかしわの葉で包んだ「かしわもち」が喜ばれ、関西ではささの葉でようかんやういろうを包んだ「ちまき」が好まれます。「ちまき」は京都祇園祭《ぎおんまつり》で厄《やく》よけのお守りにもされています。

お月見

十五夜（旧暦《きゅうれき》八月十五日）と十三夜（旧暦九月十三日）に行われます。貴族《きぞく》が月を愛《め》でる宴会《えんかい》でしたが、庶民《しょみん》に広まると秋の実りに感謝する行事に変化し、「月見だんご」やいも、栗《くり》をお供《そな》えするように。だんごを里いもの形にする地域《ちいき》もあります。

人生の節目にもお祝《いわい》菓《が》子《し》を

誕生《たんじょう》から七五三、結婚式《けっこんしき》、還暦《かんれき》などの年祝《としいわ》い、そしてお葬式《そうしき》。生まれてから天寿《てんじゅ》をまっとうするまで数多くの行事があります。行事にちなんだお菓子《かし》はすこやかな成長や長寿《ちょうじゅ》などのいのりを込《こ》めてつくられたもの。お菓子は人生の節目の大切な日をいろどる名わき役です。日本人は一生を通じてお菓子とかかわっていきます。

千歳《ちとせ》あめ

子どもの健康と成長をいのる「七五三」の時に食べる細長いあめ

おいり

香川県・愛媛県のよめ入り菓子《がし》。引き出物として配られる

季節のお菓子《かし》マップ

地域《ちいき》により
行事のお菓子《かし》も
さまざま！

正月

北海道の口取《くちと》り菓子《がし》

たいやえび、松竹梅《しょうちくばい》、干支《えと》などおめでたいものをかたどった煉《ね》り切りなどの生菓子《なまがし》。おせち料理とは別に仕立てられる

ひな祭り

山形県・青森県のくじらもち

米粉に砂糖《さとう》と醤油《しょうゆ》や味噌《みそ》、くるみなどを入れて蒸《む》したもち。かたくなったら焼いて食べる。「久持良餅《くじらもち》」と書くことも

端午《たんご》の節句《せっく》

北海道・青森県のべこもち

北海道では木の葉の形をした2色のもちを端午《たんご》の節句《せっく》に食べる。米粉を使った生地で、東北の「くじらもち」がルーツとも

小正月《こしょうがつ》

秋田県の大館《おおだて》アメッコ市

かつての小正月行事で400年以上の歴史がある。今は2月に行う。あめの露店《ろてん》が並び「アメッコ市のあめを食べるとかぜをひかない」とも

11月

東京都の切山椒《きりざんしょう》

米粉にさんしょうと砂糖《さとう》を加え蒸《む》した、紅《べに》や白のたんざく形のもち。もとは新年のお菓子《かし》で東京では「酉《とり》の市」の名物

ひな祭り

岐阜県のからすみ

米粉に黒砂糖《くろざとう》やくるみ、よもぎ、ごまなどを混《ま》ぜて蒸《む》した、東濃《とうのう》地方に伝わるお菓子《かし》。切ると断面《だんめん》が富士山形になる

全国各地で生まれた幸せを願うお菓子《かし》

古くから、季節ごとの行事の際にお菓子が食べられてきました。その多くに、厄《やく》をはらったり福を招《まね》いたりする願いが込《こ》められています。行事によっては地域《ちいき》ごとにさまざまなお菓子を食べる習慣があり、そのちがいを知るのも楽しいものです。たとえば女の子のすこやかな成長を願う「ひな祭り（桃《もも》の節句《せっく》）」は全国で行われますが、一般的《いっぱんてき》な「ひしもち」以外に各地にたくさんのひな菓子が存在します。この地図で示しただけでも「くじらもち」「からすみ」「あこや」「醤油《しょうゆ》もち」など。お菓子が生まれるまでには土地の歴史や風習など異なる背景がありますが、どれも幸せを願ってつくられています。

行事に欠かせないもち・小豆

小豆の赤色は厄《やく》をはらう

小豆の赤い色には病気やわざわいをしりぞける力があると信じられていて、お祝い事や行事の時には欠かせないものでした。小豆は栄養が豊富《ほうふ》で、昔は薬としても用いられていました。

もちは神聖《しんせい》な食べ物

ねばり強く、真っ白なもちは古来より神聖《しんせい》な食べ物とされ、「子孫繁栄《しそんはんえい》」や「豊穣《ほうじょう》」の願いを込《こ》めて神仏《しんぶつ》に供《そな》えられました。もちは年中行事や人生の節目に、全国各地で食べられています。

昔はひな菓子《がし》だった草もち

よもぎなどを使う草もちは、草のかおりが厄《やく》をはらうとされ、昔は「桃《もも》の節《せっ》句《く》」のお菓子《かし》でした（当時の節句は現《げん》在《ざい》の4月ごろ）。現在は新暦《しんれき》で行われるため、よもぎの時期とは異《こと》なっています。

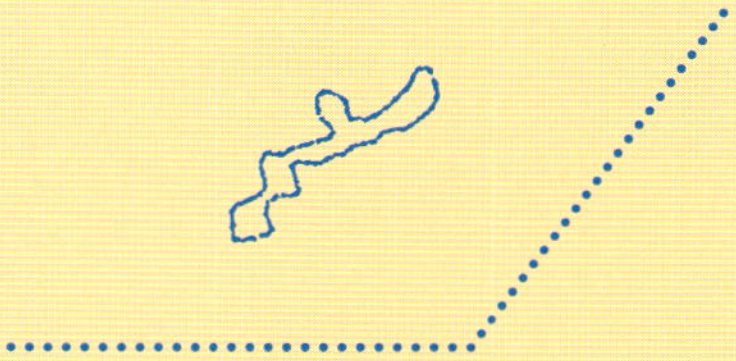

正月
京都府の花びらもち

円《まる》とひし形のもちを重ね、甘《あま》く煮《に》たごぼうと白味噌《しろみそ》あんをはさんだ半月形のお菓子《かし》。宮中の行事食がもとになっている

6月
京都府の水無月《みなづき》

6月30日の「夏越《なごし》の祓《はらえ》」（厄《やく》落としの行事）の時に食べる。ういろう風の生地に小豆をのせ、三角に切って氷をイメージ

正月
金沢市の辻占《つじうら》

もち粉と砂糖《さとう》を合わせた生地を、花のような形にした正月菓子。中に小さなうらないの紙が入っている

端午《たんご》の節句《せっく》
南九州のあくまき

樫《かし》などのアクにつけたもち米を竹の皮で包んで煮《に》た、もち菓《が》子《し》。独特《どくとく》の食感で、日持ちがする。きなこなどをかけて食べる

※アクは木などの灰《はい》に水を加えてできる上ずみ液《えき》のこと

ひな祭り
愛媛県の醤油《しょうゆ》もち

江戸《えど》時代に藩主《はんしゅ》が家臣の繁栄《はんえい》を願って、桃《もも》の節句《せっく》の時に配ったのが始まり。松山《まつやま》の郷土《きょうど》菓《が》子《し》。あん入りと、あんなしがある

ひな祭り
関西地方のあこや

あこや貝（真珠《しんじゅ》貝）のような形をした生地にあんをのせた、ひな祭りの祝い菓子《がし》。「ひちぎり」とも呼《よ》ばれる

お殿様《とのさま》が愛した お茶のお菓子《かし》

石川

長生殿《ちょうせいでん》

(森八《もりはち》／金沢市《かなざわ》)

加賀藩《かがはん》3代藩主の前田利常《まえだとしつね》の案により、茶道《さどう》「遠州流《えんしゅうりゅう》」を開いた小掘遠州《こぼりえんしゅう》が名を付け、遠州が書いた字で型をとったらくがん。原料はもち米と和三盆糖《わさんぼんとう》で、紅花《べにばな》で赤い色を付けた。菓銘《かめい》は中国の絶世《ぜっせい》の美女、楊貴妃《ようきひ》の物語にちなむ

加賀藩前田公《かがはんまえだ》に
献上《けんじょう》

お茶とともにふるまわれるお菓子《かし》の種類

正式な茶会で出されるお茶には「濃茶《こいちゃ》」と「薄茶《うすちゃ》」の2つがあります。濃茶の前にはお菓子《かし》そのものを味わう「主菓子《おもがし》」、薄茶の時にはお茶と調和するらくがん(写真)などの「干菓子《ひがし》」がふるまわれます。

伝統的《でんとうてき》な様式にのっとり、主人がたてたまっ茶を客人にふるまう「茶の湯」の文化は、禅宗《ぜんしゅう》の寺院や武士《ぶし》を中心に広まり、室町《むろまち》時代に完成されました。お茶とともにふるまわれるお菓子《かし》は木の実やもちなどそぼくなものでしたが、茶の湯の流行とともに手の込《こ》んだお菓子がつくられるようになります。特に、茶の湯に熱心なお殿様《とのさま》がいた地域《ちいき》では、京都や江戸から菓子職《しょく》人《にん》を呼《よ》び寄《よ》せるなどして、工夫をこらしたお菓子がたくさん生まれました。お殿様に気に入られたお菓子は「御用菓子《ごようがし》」の名誉《めいよ》をたまわり、その多くは土地を代表する銘菓《めいか》として現代に受けつがれています(朝廷《ちょうてい》・幕府《ばくふ》・藩《はん》から許可《きょか》された店だけが「御用達《ごようたし》」を名乗れました)。茶の湯の発展《はってん》が、現代《げんだい》の和菓子《わがし》の基礎《きそ》をつくったといえるでしょう。

※献上とは、お殿様など身分の高い人に物を差し上げることをいいます。

新潟

越乃雪《こしのゆき》

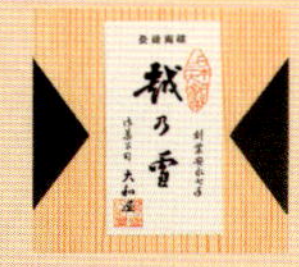

（越乃雪本舗《こしのゆきほんぽ》 大和屋《やまとや》
／長岡市《ながおか》）

長岡藩《はん》9代藩主の牧野忠精《まきのただきよ》が病気の時、食欲《しょくよく》のないお殿様のために越後《えちご》のもち米粉に和三盆糖《わさんぼんとう》を合わせたお菓子《かし》を献上《けんじょう》すると、食が進んで病もいえたという。参勤交代《さんきんこうたい》のみやげに使われ、有名に。ほろりと雪のようにくずれる口どけ

長岡藩牧野公《ながおかはんまきの》に
献上《けんじょう》

松江藩不昧公《まつえはんふまい》の
お好み

島根

山川《やまかわ》

（風流堂《ふうりゅうどう》／松江市《まつえ》）

「不昧流《ふまいりゅう》」というお茶の流派をつくった松江藩《はん》7代藩主の松平治郷《まつだいらはるさと》は、茶人として名高く「不昧公」と呼《よ》ばれる。「山川」は不昧公が好んだお茶のお菓子《かし》を大正時代に復《ふっ》刻《こく》したもの。しっとりしていて、口どけがよい。やわらかいため手で割《わ》ってふるまう

江戸《えど》時代から続く 伝統《でんとう》駄菓子《だがし》

かつてお菓子《かし》は、特別な人しか味わえない高級な食べ物でした。庶民《しょみん》でも日常的に食べられるようにと、江戸《えど》時代に生まれたのが「駄《だ》菓子《がし》」です。砂糖《さとう》を使った上等なお菓子ではなく、米や麦が原料の水あめなど、身近な材料で甘味《あまみ》を付けたさまざまなお菓子をあつかう店が「駄菓子屋」と呼《よ》ばれるようになります（だんごなどの専門店は別にありました）。地域《ちいき》ごとに異《こと》なるお菓子が生まれ、数は少なくなりましたが、一部では今も伝統的《でんとうてき》な駄菓子が受けつがれています。

※現在の駄菓子は砂糖を使っています。

山形　きつねめん

きつねのお面をかたどった、小豆粉でつくる打菓子《うちがし》。藩主《はんしゅ》の「お居なり」を祝い「稲荷《いなり》」にかけてつくったきつねめんを藩主に献上《けんじょう》したのが始まり

※「お居なり」とは江戸幕府が藩主の国替《くにが》えを命じた時、領民《りょうみん》の反対で命令をくつがえし、藩主が庄内《しょうない》に居続けられたこと

山形　さくらんぼ飴《あめ》

赤・白・緑の3色のあめをからめた、色あざやかなかわいいお菓子《かし》。砂糖《さとう》のすなおな甘《あま》さが楽しめ、とけかけをかじるとサクサクした食感

山形　からから せんべい

ぱりんと割《わ》ると中からおもちゃが出てくる、楽しい小麦のせんべい。昔は刀ややりなどのおもちゃが入っていて、ふるとカラカラと鳴ったという

福島　滋養《じよう》パン

すもうの力士（写真）など、大正から昭和初期の金型を使ってつくる、駄菓子《だがし》のパン。卵《たまご》とバターが入っていて、かみしめると味わいがある

山形

鶴岡駄菓子《つるおかだがし》

（梅津菓子店《うめづかしてん》／鶴岡市《つるおか》）

庄内藩《しょうないはん》の城下町《じょうかまち》として開けた鶴岡で300年あまりの歴史を重ね、江戸《えど》時代にはすでに諸国《しょこく》に名を知られた鶴岡駄菓子。春先に登場するひな菓子や、冬の「切山椒《きりざんしょう》」、きな粉を使ったお菓子など、季節ごとの味が楽しめる

……

福島

会津駄菓子《あいづだがし》

（長門屋本店《ながとやほんてん》／会津若松市《あいづわかまつし》）

天保《てんぽう》の大ききんに苦しむ人々を心配し、「庶民《しょみん》のための菓子《かし》を」と藩主《はんしゅ》が命じて生まれた。庶民でも手に入れやすい麦や豆、黒砂糖《くろざとう》を使ってつくった駄菓子は腹持《はらも》ちがよく、しゃれっ気《け》がきいていて、笑顔になれる優《やさ》しい味

……

兵庫

播州駄菓子《ばんしゅうだがし》

（常盤堂製菓《ときわどうせいか》／姫路市《ひめじ》）

オランダ船が長崎に来ると、姫路藩《ひめじはん》の家老が地元の産業を盛《も》り上げようと長崎に職人《しょくにん》を送った。南蛮《なんばん》から伝わるあげ菓子《がし》の技《わざ》を学ばせ、姫路で根付いたのが「播州駄菓子」の始まり。生地がつまった製法《せいほう》は当時とほぼ同じ

兵庫

太鼓揚《たいこあ》げ

小さなつぶつぶのかりんとうを集め、ほんのり甘《あま》いみつをからめて太鼓《たいこ》のように丸くかためたもの。サクサクとした軽い食感で、甘くこうばしい

兵庫

うず巻《まき》かりんとう

くるくる回すこまのような形の、うずまきもようのかりんとう。サクサクの生地にみつをかけて砂糖《さとう》をまぶしてあり、そぼくな味が楽しめる

兵庫

ひねり（黒・赤）

しっかりした歯ごたえのある、かためのかりんとう。黒みつをさっとふりかけて仕上げた「黒」と、優《やさ》しい甘《あま》さのみつをかけた「赤」の2種類

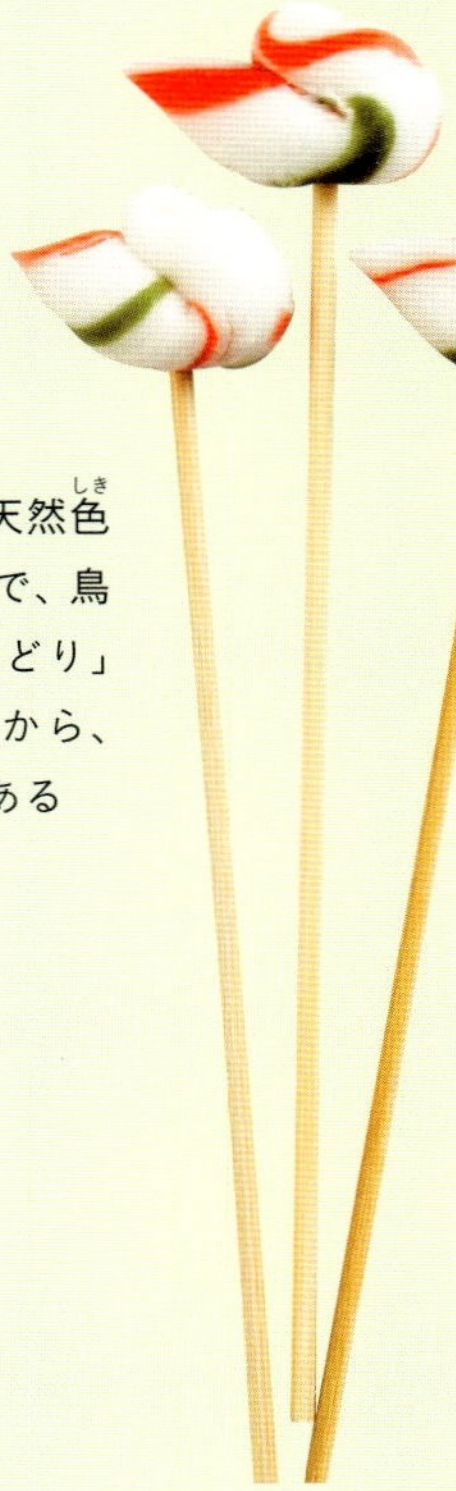

福島

とり飴《あめ》

紅花《べにばな》やくちなしなどの天然色《しき》素《そ》で色をつけた水あめで、鳥の形をつくった。「おしどり」をイメージさせることから、家庭円満のお菓子《かし》でもある

福島

だるま飴《あめ》

きれいに丸くなるよう、タコ糸でしぼり切り。伝統《でんとう》の技《わざ》でつくった縁起《えんぎ》のいいだるまさんの形のあめ。「まめにくらせる」よう、だるまの目は黒豆

ようかん

初期のようかんは「蒸《む》しようかん」です。後に「煉《ね》りようかん」が発明され、一気に主流に。柿《かき》や栗《くり》など木の実のようかんや、水ようかんなど種類も多彩《たさい》。

東京

小倉羊羹《おぐらようかん》 夜の梅《うめ》（竹皮包羊羹《たけがわつつみようかん》）

（とらや／港区《みなとく》）

室町《むろまち》時代後期に京都で創業《そうぎょう》し、後陽成天皇《ごようぜいてんのう》在位中《ざいいちゅう》より御所《ごしょ》の御用《ごよう》をつとめる。遷都《せんと》で明治2年に東京へ。「夜の梅」は、切り口の小豆を夜に咲《さ》く梅に見立てた

※御所は天皇《てんのう》や皇族《こうぞく》の住む場所、または天皇のこと

「ようかん」はこうして始まった

ようかんは「羊羹」と書き、ひつじ肉の汁物《しるもの》という意味です。もとは中国料理で、鎌倉《かまくら》から室町《むろまち》時代に日本に伝わりました。肉食を禁《きん》じられた僧侶《そうりょ》が小豆など植物性《しょくぶつせい》の材料で肉に似《に》せてつくったのが日本のようかんの始まりです。

愛知

上《あが》り羊羹《ようかん》

（美濃忠《みのちゅう》／名古屋《なごや》市）

上《あが》りとは「天上へ」という意味で、尾張藩《おわりはん》でいちばんの御用菓子《ごようがし》店が献上《けんじょう》していた、最上のようかんの伝統製法《でんとうせいほう》を今に伝える。なめらかな食感

福井

水ようかん

（えがわ／福井《ふくい》市）

ふつう、水ようかんは夏に食べるが、福井では冬に食べる習慣《しゅうかん》がある。でっちが里帰りの時に食べたのが始まりとも。11～3月限定《げんてい》

※かつて商家などにやとわれてはたらく少年を「でっち」と呼《よ》びました

佐賀

小城羊羹《おぎようかん》

（村岡総本舗《むらおかそうほんぽ》／小城《おぎ》市）

明治時代に生まれた伝統製法《でんとうせいほう》のようかん。空気にふれる表面は砂糖《さとう》がかたまってシャリシャリした食感、中はやわらか。あっさり上品な味

広島

柿羊羹《かきようかん》 祇園坊《ぎおんぼう》

（平安堂梅坪《へいあんどううめつぼ》／広島《ひろしま》市）

果実が大きい広島原産「祇園坊柿《ぎおんぼうがき》」の干《ほ》し柿をきざんで、白小豆《しろしょうず》のようかんに煉《ね》り込《こ》んだ。自然な甘《あま》さが楽しめる明治時代からの名物

お米だけじゃない！

せんべい

②

①

伝統《でんとう》の味は ごま！

えびが たっぷり！

④

③

④ 愛知

ゆかり

(坂角総本舗《ばんかくそうほんぽ》／東海市《とうかいし》)

えびのすり身にいものでんぷんを加えて焼いたもの。尾張徳川家《おわりとくがわけ》が知多《ちた》地区に御殿《ごてん》をつくった時にえびせんべいが誕生《たんじょう》。1枚《まい》に天然えびを約7尾《び》使う

③ 東京

入山《いりやま》せんべい

(入山せんべい／台東区《たいとう》)

浅草寺《せんそうじ》の門前町には多くのせんべい店が軒《のき》を連ねている。大正3年創業《そうぎょう》の「入山せんべい」は生醤油《きじょうゆ》だけで味付けした江戸《えど》っ子好みの味を守る

② 埼玉

草加《そうか》せんべい

(大馬屋本店《おんまやほんてん》／草加市)

江戸《えど》時代に利根川沿岸《とねがわえんがん》でつくられるようになった醤油《しょうゆ》を、うるち米100%の焼きせんべいにぬったのが始まり。「大馬屋本店」は創業《そうぎょう》160年の老舗《しにせ》

① 岩手

おばあちゃんの 南部《なんぶ》せんべい ごま

(巖手屋《いわてや》／二戸《にのへ》市)

南部藩《なんぶはん》(現《げん》岩手県・青森県の一部) で野戦食として食べられ、次第に家庭の主食やおやつとなった小麦のせんべい。1枚《まい》に約1000粒《つぶ》のごまをまぶす

※野戦食とは戦の時に屋外でする食事

日本で最初につくられたのは小麦粉が原料のせんべいです。江戸《えど》時代以降《いこう》は、
うるち米やえびのせんべいなど、地域色《ちいきしょく》の豊《ゆた》かなせんべいが登場します。

⑥

おどろくほど
かたい！

⑤

⑧

⑦

⑧ 鳥取

生姜せんべい

（宝月堂《ほうげつどう》／鳥取《とっとり》市）

甘《あま》さひかえめの小麦粉のせんべいにしょうがみつをぬった、風味のよい郷土《きょうど》菓子。鳥取砂《さ》丘《きゅう》をイメージし、横から見ると丸みのある波形をしている

⑦ 兵庫

瓦《かわら》せんべい

（亀《かめ》の井《い》 亀井堂本家《かめいどうほんけ》／神戸《こうべ》市）

弘法《こうぼう》大師が中国から持ち帰った製法《せいほう》でつくる神戸発祥《はっしょう》の小麦粉せんべい。卵《たまご》のコクがあり、甘《あま》くてこうばしい。本物のかわらと同じ大きさのものも

⑥ 兵庫

炭酸煎餅《たんさんせんべい》

（三津森本舗《みつもりほんぽ》／神戸《こうべ》市）

日本最古の温泉《おんせん》のひとつである有馬《ありま》温泉で、炭酸《たんさん》をふくんだ温泉水を小麦粉に混《ま》ぜて薄《うす》く焼いたのが始まり。さっくり軽い口当たりでほんのり甘《あま》い

⑤ 三重

元祖《がんそ》
かた焼きせんべい

（伊賀菓庵山本《いがかあんやまもと》／伊賀《いが》市）

伊賀《いが》の忍者《にんじゃ》が敵陣《てきじん》に数日間ひそむ時の、携帯《けいたい》の食料としてつくられた。かさをへらすためにとてもかたく焼いてあり、木づちで割《わ》って食べる

あめ菓子《がし》

「日本書紀」の時代からある、あめ菓子《がし》。
古くは麦や米からつくられていました。
江戸《えど》時代以降《いこう》、砂糖《さとう》の流通が広まると
いろいろなあめ菓子が登場しました。

長野

みすゞ飴《あめ》

(みすゞ飴本舗《あめほんぽ》
／上田《うえだ》市)

明治時代からつくられているあめ。あんずや梅、ももなどの果《か》汁《じゅう》に水あめと寒天を加えてかためたゼリー状のあめで、みずみずしい甘《あま》さがある

福島

五郎兵衛飴《ごろべえあめ》

(五郎兵衛飴本舗《ごろべえあめほんぽ》
／会津若松《あいづわかまつ》市)

もち米を麦芽《ばくが》で糖化《とうか》させ、じっくり煮《に》つめて寒天と合わせて乾燥《かんそう》させたもの。グミのようなやわらかな食感。800余年、変わらぬ製法《せいほう》を守る

長崎

有平糖《あるへいとう》 千代結《ちよむす》び

(千寿庵長崎屋《せんじゅあんながさきや》
／長崎《ながさき》市)

ポルトガルから伝わった南蛮菓子《なんばんがし》のひとつ。砂糖《さとう》に水を加えて煮《に》つめ、いろいろな形に細工したもの。結《けっ》婚式《こんしき》などの祝い事や茶の湯に使われる

和歌山

黒あめ那智黒《なちぐろ》

(那智黒総本舗《なちぐろそうほんぽ》
／太地《たいじ》町)

熊野《くまの》地方産の「那智《なち》黒石《ぐろいし》」でつくる黒い碁《ご》石《いし》と同じ形に仕上げた、100年以上の歴史を持つ黒あめ。こうばしい黒砂糖《くろざとう》の風味が楽しめる

果物や野菜の甘味《あまみ》はお菓子《かし》の原点です。
たっぷりの砂糖《さとう》を使うと水分がぬけて
うま味がぎゅっと凝縮《ぎょうしゅく》されるほかに、
お菓子を長持ちさせる効果《こうか》もあります。

果物と野菜のお菓子《かし》

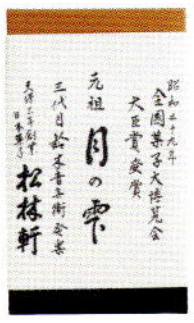

山梨

月の雫《しずく》

(松林軒豊嶋家《しょうりんけんとしまや》
／甲府《こうふ》市)

「松林軒《しょうりんけん》」の店主が砂《さ》糖《とう》みつにうっかりぶどうを落としたことで生まれ、甲府《こうふ》地区の名物になったジューシーなお菓子《かし》。9月中旬～1月末限定

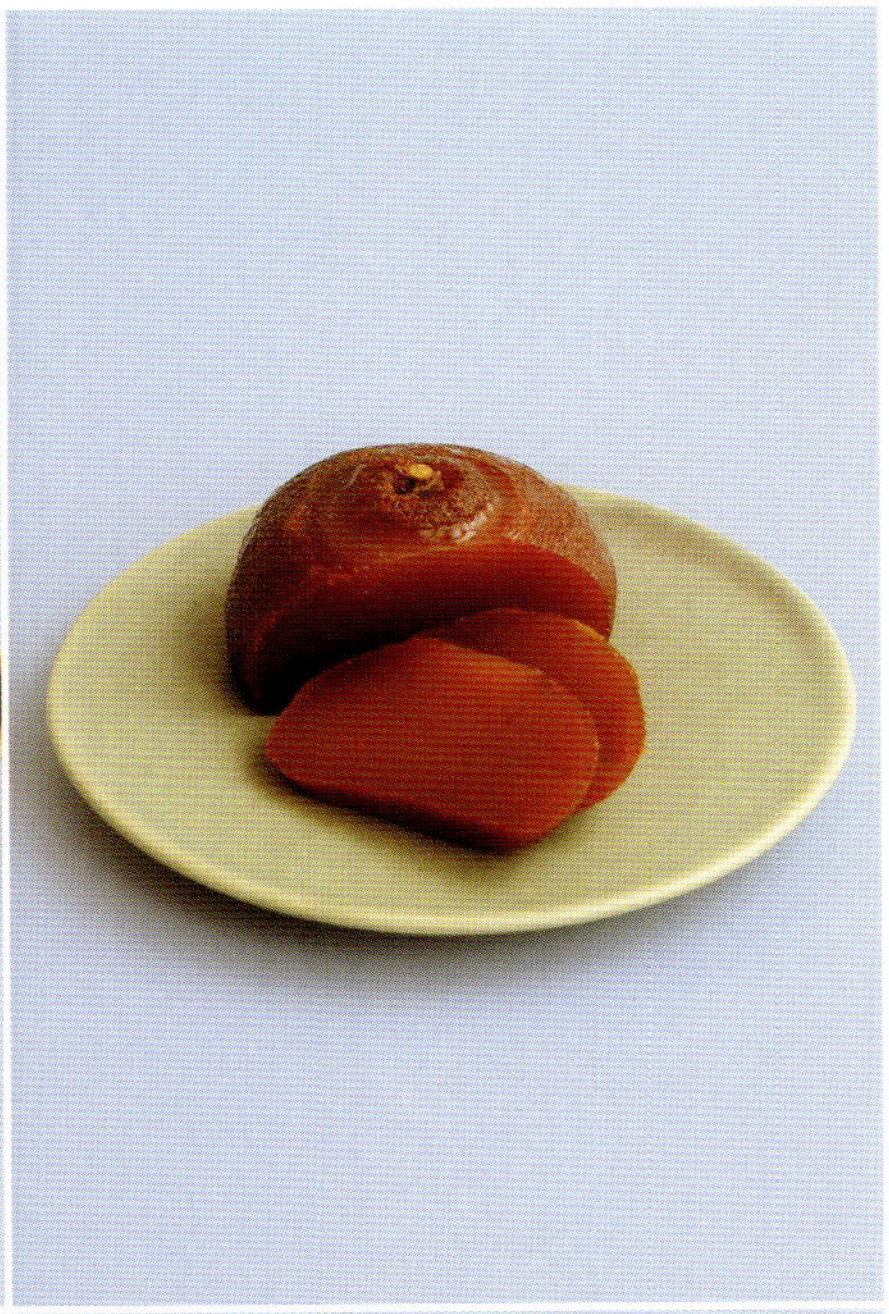

石川

丸柚餅子《まるゆべし》

(柚餅子総本家中浦屋《ゆべしそうほんけなかうらや》
／輪島《わじま》市)

ゆずの中をくりぬいてもち種をつめ、蒸《む》して半年乾燥《かんそう》。500年以上前からつくられ、加賀藩前田家《かがはんまえだけ》に伝承《でんしょう》された製法《せいほう》。ほろ苦くさわやかな甘《あま》さ

鹿児島

文旦漬《ぼんたんづけ》

(本家文旦堂《ほんけぼんたんどう》
／姶良《あいら》市)

文旦《ぶんたん》はボンタンやザボンと呼《よ》ばれる柑橘《かんきつ》果実で、アジアから鹿児島県に伝わった。厚《あつ》い皮を煮《に》つめて砂《さ》糖《とう》をまぶしたさわやかな風味のお菓子《かし》

島根

生姜糖《しょうがとう》

(來間屋生姜糖本舗《くるまやしょうがとうほんぽ》
／出雲《いずも》市)

しょうが糖《とう》の元祖《がんそ》。斐川《ひかわ》町出西《しゅっさい》地区でしかとれない「出西生姜《しゅっさいしょうが》」の根しょうがをおろしてしぼり、砂糖《さとう》とともにたんねんに煮《に》つめてつくる

手軽なおみやげとして
人気です！

なつかしの味

ご当地袋《ふくろ》菓子《がし》

新潟

サラダホープ

(亀田製菓《かめだせいか》／新潟《にいがた》市)

さくっと軽い口当たりとまろやかな塩気の、もち米100%の洋風あられ。サラダとは、サラダ油をからめて塩をまぶした味のこと。新潟限定販売《げんていはんばい》

山形

オランダせんべい

(酒田米菓《さかたべいか》／酒田《さかた》市)

庄内地域《しょうないちいき》産のうるち米をわずか3mmの薄《うす》さにのばして焼いた、東北各地で人気の元祖《がんそ》「うすやきせんべい」。庄内の方言「おらだ＝わたしたち」から命名

北海道

しおA《エー》字フライ

(坂栄養食品《さかえいようしょくひん》／札幌《さっぽろ》市)

「坂ビスケット」の愛称《あいしょう》で親しまれるほんのり塩味のビスケット。日本の字は形がむずかしく割《わ》れやすいことから、アルファベット形が誕生《たんじょう》！

岐阜

カニチップ

(ハル屋／岐南《ぎなん》町)

でんぷん生地にかにを混《ま》ぜてあげた、サクサク軽くて口の中でふわっととけるスナック菓子《がし》。かにの風味の中に、甘《あま》辛醤油《からしょうゆ》がほんのりかおる

愛知

しるこサンド

(松永製菓《まつながせいか》／小牧《こまき》市)

ジャムやはちみつ入りの小豆あんをビスケットではさんで焼いた、あんこ好きの名古屋人が考え出したお菓子《かし》。東海地区を中心に愛されている

静岡

8《はち》の字

(カクゼン桑名屋《くわなや》／静岡《しずおか》市)

昭和初期に静岡で食べられていた、「メガネ」という小麦粉と砂糖《さとう》でつくったお菓子《かし》に、卵《たまご》を加えて改良。口どけも味もよくなり、静岡名物に

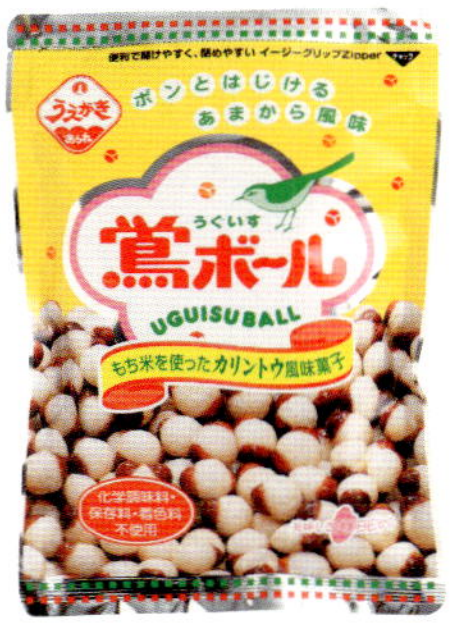

兵庫

鶯《うぐいす》ボール

（植垣米菓《うえがきべいか》／加古川《かこがわ》市）

もちを小さくあげ、砂糖《さとう》とほんの少しの塩で味付けした、かりんとう風あられ。85年以上続くロングセラーで関西では知らない人がいないほど

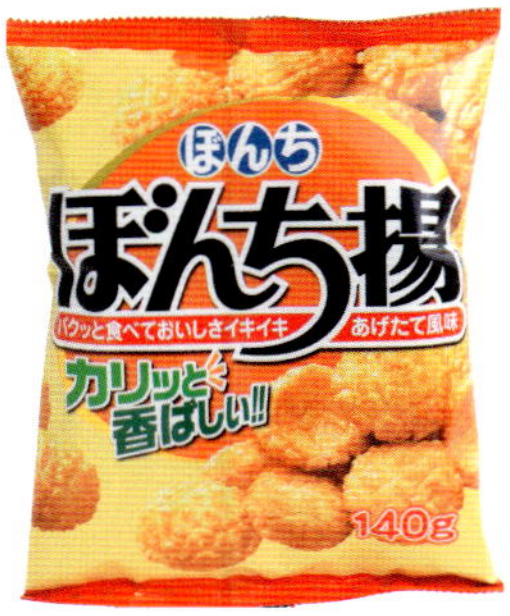

大阪

ぼんち揚《あげ》

（ぼんち／大阪《おおさか》市）

淡口醤油《うすくちしょうゆ》で上品に仕上げた、うるち米のあげせんべい。「ぼんち」とは関西弁《かんさいべん》で「うつわの大きい坊《ぼ》っちゃん」という意味で、広い地域《ちいき》で人気

三重

おにぎりせんべい

（マスヤ／伊勢《いせ》市）

「三角のせんべいがあってもいいじゃないか」という発想から生まれたおにぎりの形。さっくりした食感でだしのきいた醤油《しょうゆ》とのりの風味がアクセント

熊本

亀《かめ》せん

（味屋製菓《あじやせいか》／熊本《くまもと》市）

亀《かめ》のこうら形の、小麦粉のあげせんべい。甘《あま》じょっぱい砂糖醤油《さとうじょうゆ》味で、さくっと軽く、食べごたえのある厚《あつ》み。熊本では3時のおやつに欠かせない

高知

ミレービスケット

（野村煎豆加工店《のむらいりまめかこうてん》／高知《こうち》市）

天然塩をまぶしたほんのり甘《あま》いビスケット。あげることで、ざくざくとした食感に。クリームサンドなど種類も豊富《ほうふ》な高知県民のソウルフード

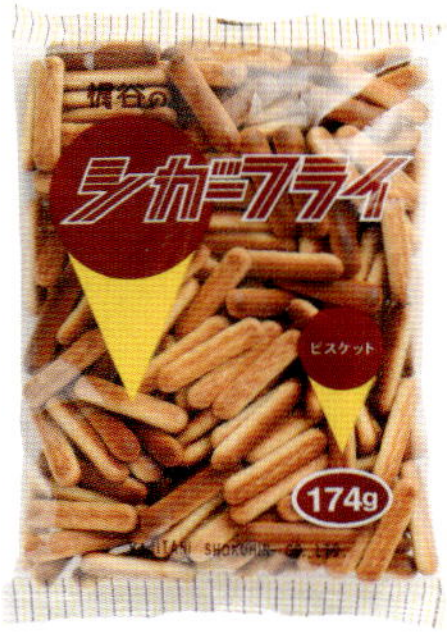

岡山

梶谷《かじたに》のシガーフライ

（梶谷食品／倉敷《くらしき》市）

昔からの製法《せいほう》で生地をつくり、高温のオーブンで焼いたビスケット。サクッとした食感に塩味がきいていて、食べ出したらやめられないロングセラー

お菓子《かし》のまめちしき

さまざまなあん

色も味も多彩《たさい》なあん

小豆の粒《つぶ》を残した「粒あん」、豆の皮をのぞいた「こしあん」、白いんげん豆や白小豆《しろしょうず》の「白あん」のほか、かぼちゃ、くるみなどさまざまな素材《そざい》でつくられます。本来はまんじゅうの具という意味で、甘《あま》くないものもあんと呼《よ》びます。

茶の湯とお菓子《かし》

もてなしに一役買う茶菓子《ちゃがし》

「茶の湯」は日本の代表的な伝統《でんとう》文化として世界中から注目されています。季節やテーマに合わせ、器から部屋のかざりまですべてに心を配り主人が客をもてなします。季節や行事をあらわすお菓子《かし》は茶の湯の名わき役といえる存在《そんざい》です。

いろんな原料のもち

全国で食べられるもち菓子《がし》

もち米をつく「もち」のほか、ねばりがあってもちもちしたものを広く「もち菓子」と呼《よ》びます。小麦粉の皮でつくる関東風の「桜《さくら》もち」、くず粉製《せい》の「くずもち」、わらび粉製の「わらびもち」など。さまざまな原料のもち菓子があります。

お菓子《かし》の名前菓銘《かめい》

和菓子《わがし》は目や耳でも味わう

「菓銘」とはお菓子につけられた名(銘)のこと。和菓子は和歌や物語、美しい名所の地名、花や雲、海、雪など、日本の美しい風物から名や形をもらっています。菓銘を聞き、お菓子をながめ、想像力《そうぞうりょく》をふくらませながら味わいましょう。

寒天は日本生まれ

寒天=寒ざらしのところてん

テングサという海草でつくる「ところてん」を冬の寒空にうっかり出しっぱなしにし、乾燥《かんそう》させてしまったものが「寒天」の始まりです。ようかんをかためるなど、お菓子《かし》づくりに大活躍《だいかつやく》。寒天が生まれてお菓子のはばが広がりました。

和菓子《わがし》と健康

お菓子《かし》はエネルギーのもと

お菓子は甘《あま》いから健康に悪い？　それはごかいです。砂糖《さとう》は体内ですぐにエネルギーに変わる大事な栄養源《えいようげん》(ただし食べすぎに注意！)。和菓子は植物性《しょくぶつせい》の素材《そざい》を使い、食《しょく》物繊維《もっせんい》などがとれる健康的なお菓子として注目されています。

お菓子の用語集

う

打菓子　うちがし
寒梅粉《かんばいこ》(もちを焼いて粉状《こなじょう》にしたもの)や麦などの粉に和三盆《わさんぼん》糖《とう》などの砂糖《さとう》を加え、型に入れて打ち出した干菓子《ひがし》。「らくがん」「押物《おしもの》」も打菓子の一種

き

きなこ
大豆をいって粉状《こなじょう》にしたもの

ぎゅうひ
白玉粉などに水あめや砂糖《さとう》、水を加えて練り上げたもの。やわらかみのあるねばりで、時間がたってもかたくならない

錦玉　きんぎょく
寒天に砂糖《さとう》や水あめを加えて煮とかし、型に流し入れてかためたもの。さらにぬき型でぬいて乾燥《かんそう》させたものを「艶干錦《つやぼしきん》玉《ぎょく》」と呼ぶ

く

くず粉　くずこ
葛《くず》の根をたたいて水にさらし、でんぷん質《しつ》を乾燥《かんそう》させた粉。奈良県の吉野葛《よしのくず》が有名だが生産量が少なく、じゃがいもでんぷんを混《ま》ぜたものをくず粉という場合もある

くちなし
アカネ科の植物で、実から黄色の天然着色料がとれる。たくあん、きんとんなど、黄色に仕上げる時に使う

黒砂糖・黒糖
くろざとう・こくとう
さとうきびのしぼり汁《じる》を煮《に》つめてつくる黒い砂糖《さとう》。濃厚《のうこう》な甘《あま》さと独特《どくとく》の風味を持つ。ようかんや駄菓子《だがし》に使われる

黒みつ　くろみつ
黒砂糖《くろざとう》に同量の水を加えて煮《に》とかし、冷やしたみつ。あんみつなどにかける

こ

米粉　こめこ
米を粉状《こなじょう》にしたもので、粉の細かさや製法《せいほう》で名が変わり、たくさんの種類がある。うるち米は上新粉や上用粉など。もち米はもち粉、白玉粉、寒梅粉《かんばいこ》など

御用菓子　ごようがし
朝廷《ちょうてい》、幕府《ばくふ》、各地の藩《はん》から許可《きょか》を受けた店だけが「御用達《ごようたし》」と名のれた。御用達のお菓子《かし》は「御用菓子」と呼《よ》ばれ、とても名《めい》誉《よ》なことだった

さ

砂糖菓子　さとうがし
砂糖《さとう》が主原料のお菓子《かし》。砂糖のみでつくったあめ、こんぺいとう、カルメラ、果物や野菜の砂糖づけなど

し

白ざら糖　しろざらとう
結晶《けっしょう》の大きい、純粋《じゅんすい》な砂糖《さとう》。すっきりした甘《あま》さで、ようかんなど高級なお菓子《かし》に使う

と

糖化　とうか
原料の持つでんぷん質《しつ》を酵素《こうそ》などで分解《ぶんかい》し、糖分《とうぶん》に変えること

糖みつ　とうみつ
本来は砂糖《さとう》を精製《せいせい》する時にとれるみつをさすが、砂糖類を煮《に》とかしたみつを「糖みつ」と呼《よ》ぶこともある

道明寺粉　どうみょうじこ
もち米を蒸《む》して乾燥《かんそう》させ、あらびきにしたもの。関西の桜《さくら》もちなどに使われる

な

生菓子　なまがし
でき上がりの水分が三十パーセント以上あるもの。主にもち菓子《がし》、だんご、水ようかんなど。煉《ね》り切りなど上等な生菓子は「上生菓子《じょうなまがし》」、朝つくって一日しかもたないものは「朝生菓子《あさなまがし》」と呼《よ》ばれる

に

ニッキ
甘《あま》いかおりを持つ木の皮のスパイス。シナモンに似《に》ているがかおりはおだやか。「八ツ橋《やつはし》」や「唐菓子《からくだもの》」などに使われる

ね

煉り切り　ねりきり
あんにぎゅうひや寒梅粉《かんばいこ》などのつなぎを混《ま》ぜ、煉り上げてつくる生菓子《なまがし》のつくり方。または、つくったお菓子《かし》のこと

ひ

干菓子　ひがし
でき上がりの水分が十パーセント以下のもの。らくがん、あめ、せんべい、おこしなど。干菓子と生菓子の中間は「半生菓子《はんなまがし》」と呼ばれる

べ

米菓　べいか
うるち米を主原料に使った「せんべい」と、もち米を使った「あられ・おかき」を指す

紅花　べにばな
キク科の植物で、花から紅色《べにいろ》の天然着色料がとれる。赤い色に仕上げる時に使う

ま

マロン
フランス語でマロニエの実のこと。昔はマロニエ、今は栗《くり》でつくるパリのお菓子《かし》「マロン・グラッセ」が日本に伝わってから、日本では栗＝マロンが定着したといわれる

み

水あめ　みずあめ
米、じゃがいも、とうもろこしなどが持つでんぷん質《しつ》を分解《ぶんかい》してつくるものと、でんぷん質に麦芽《ばくが》を加えてつくるものがある。甘味《あまみ》だけではなく、しっとり感も出せる

わ

和三盆糖　わさんぼんとう
香川県・徳島県で伝統的《でんとうてき》につくられる、さとうきびが原料の砂糖《さとう》。上品な甘《あま》さと口どけ

●参考資料／参考文献

『縁起菓子・祝い菓子』淡交社
『改訂 調理用語辞典』全国調理師養成施設協会
『郷土菓子』平凡社
『事典 和菓子の世界』岩波書店
『地元菓子』新潮社
『日本の菓子』東京書籍
『日本の食生活全集』農山漁村文化協会
『「和菓子の東西」展』虎屋文庫
『「和菓子の歴史」展』虎屋文庫
『和菓子風土記』平凡社
『47都道府県・郷土菓子百科』丸善出版
『和菓子 WAGASHI ジャパノロジー・コレクション』角川ソフィア文庫
ほか、各都道府県のHPを参考にさせていただきました。

●取材協力（p42〜49、62、63「お菓子のきほん」ほか）
全国和菓子協会

●取材協力（菓子製造元）
北海道／六花亭、坂栄養食品　青森県／ラグノオささき　岩手県／さいとう製菓、巌手屋　秋田県／杉山壽山堂　宮城県／エンドー餅店　山形県／まめや、梅津菓子店、酒田米菓　福島県／柏屋、長門屋本店、五郎兵衛飴本舗　栃木県／石田屋　茨城県／亀印製菓　群馬県／勝月堂　埼玉県／堀内製菓、大馬屋本店　東京都／船橋屋、とらや、入山せんべい　千葉県／なごみの米屋　神奈川県／豊島屋、ありあけ　山梨県／桔梗屋、松林軒豊嶋家　静岡県／春華堂、カクゼン桑名屋　長野県／桜井甘精堂、みすゞ飴本舗　新潟県／浪花屋製菓、越乃雪本舗 大和屋、亀田製菓　富山県／月世界本舗　石川県／和菓子 村上、森八、柚餅子総本家中浦屋　福井県／錦梅堂、えがわ　岐阜県／玉井屋本舗、ハル屋　愛知県／青柳総本家、美濃忠、坂角総本舗、松永製菓　滋賀県／莚寿堂本舗　三重県／なが餅笹井屋、伊賀菓庵山本、マスヤ　京都府／本家西尾八ツ橋　奈良県／萬々堂通則　大阪府／あみだ池大黒 本店、ぼんち　和歌山県／総本家駿河屋、那智黒総本舗　兵庫県／伊勢屋本店、常盤堂製菓、三津森本舗、亀の井 亀井堂本家、植垣米菓　岡山県／廣榮堂、梶谷食品　広島県／藤い屋、平安堂梅坪　鳥取県／石谷精華堂、宝月堂　島根県／山田竹風軒本店、風流堂、來間屋生姜糖本舗　山口県／光國本店　香川県／名物かまど　愛媛県／うつぼ屋　徳島県／冨士屋　高知県／西川屋、野村煎豆加工店　福岡県／かさの家　佐賀県／大原老舗、村岡総本舗　大分県／ざびえる本舗　長崎県／平戸蔦屋、千寿庵長崎屋　熊本県／お菓子の香梅、味屋製菓　宮崎県／阪本商店　鹿児島県／明石屋、本家文旦堂　沖縄県／新垣菓子店

お菓子の選定にあたっては各都道府県や観光協会などのご意見を参考にし、長い歴史がある・特産物を使っている・固有の食文化を反映している・銘菓として広く愛されているなど、地域とのかかわりが深いお菓子を掲載させていただきました。

都道府県の特産品　お菓子編

都道府県の特産品編集室

本文執筆　嶺月香里
撮影　末松正義
デザイン　パパスファクトリー
校正　宮澤紀子

発行者　鈴木博喜
編集　大嶋奈穂
発行所　株式会社　理論社
〒101-0062　東京都千代田区神田駿河台2-5
電話　営業　03-6264-8890
編集　03-6264-8891
URL　https://www.rironsha.com

印刷・製本　図書印刷

ISBN978-4-652-20190-9　NDC383
A4変型判　27cm　63p
2017年2月初版
2023年5月第3刷発行